众生的地球

EARTH FOR ALL
A SURVIVAL GUIDE FOR HUMANITY

［比利时］桑德琳·迪克森-德克勒夫（Sandrine Dixson-Declève）
［爱尔兰］欧文·加夫尼（Owen Gaffney）
［印度］贾亚蒂·戈什（Jayati Ghosh）
［挪威］乔根·兰德斯（Jorgen Randers）
［瑞典］约翰·罗克斯特伦（Johan Rockström）
［挪威］佩尔·埃斯彭·斯托克内斯（Per Espen Stoknes）
——著——

周晋峰、王 豁、李利红
宋小丽、熊昱彤、马 曼、吴泳辰、冯晓佳
——译——

中国出版集团
中译出版社

图书在版编目（CIP）数据

众生的地球 /（比）桑德琳·迪克森-德克勒夫等著；周晋峰，王豁，李利红译. -- 北京：中译出版社，2023.9

书名原文：Earth for all

ISBN 978-7-5001-7215-4

Ⅰ.①众… Ⅱ.①桑… ②周… ③王… ④李… Ⅲ.①发展观经济学 Ⅳ.①F061.3

中国版本图书馆CIP数据核字（2022）第198760号

著作权合同登记号：图字01-2022-6033号

众生的地球
ZHONGSHENG DE DIQIU

出版发行：中译出版社
地　　址：北京市西城区新街口外大街 28 号普天德胜大厦主楼 4 层
电　　话：010-68003527
邮　　编：100088
电子邮箱：book@ctph.com.cn
网　　址：www.ctph.com.cn

特约策划：王　静　王　华
责任编辑：刘香玲　张　旭
文字编辑：刘　婧　李丽娜　李靖宇
封面设计：万　聪
排　　版：北京竹页文化传媒有限公司

印　　刷：北京盛通印刷股份有限公司
经　　销：新华书店
规　　格：710 毫米 ×1000 毫米 1/16
印　　张：17.5
字　　数：260 千
版　　次：2023 年 9 月第 1 版
印　　次：2023 年 9 月第 1 次

ISBN 978-7-5001-7215-4　　定价：98.00 元

版权所有　侵权必究
中译出版社

推荐语

无休止增长的时代是时候该转变为平衡发展的时代了。这份发人深省的分析报告提出了实现该目标的五个关键变革，探讨了各式问题，引发公众讨论，呼吁采取措施。阅读此书来探索人类未来的可能性，加入这个时代最重要的辩论吧。

——凯特·拉沃斯（Kate Raworth）
英国经济学家，著有《甜甜圈经济学》等

这本令人惊叹的书由多位名家合著，再次证明汇聚我们的思想和技术可以带来诸多好处，同样，我们也可以建造一个人人满意的世界。如果必须选其一的话，为什么我们要选择一整个星球的苦难，而非一整个星球的繁荣呢？

——马蒂斯·瓦克纳格尔（Mathis Wackernagel）
全球足迹网络（Global Footprint Network）创始人，著有《生态足迹》等

如果我们在 1972 年就聆听了《增长的极限》一书的教诲，今时今日就不会面对众多困境。正如此书的模型预测所表明，抓紧未来十年可能是将事情至少部分摆正的最后也是最大希望。

——比尔·麦克基本（Bill McKibben）
美国环境保护主义理论家，著有《自然的终结》等

在利用系统科学对人类未来作设想的书籍中，此书是最新、探讨问题最紧迫、研究最严谨的著作，对全球想要预防社会崩溃的人们来说更是必读之作。各地的政策制定者能否采纳此书的建议？领导者采纳建议后，人类又能否在21世纪余下的时间里避免全球范围内的生态、经济和社会崩溃？这取决于我们所有人。

——理查德·海因伯格（Richard Heinberg）

美国能源学者，后碳研究所（Post Carbon Institute）高级研究员，

著有《当增长停止》等

一个不平凡的时代，一本不平凡的书。对于当今和未来的领导人来说，这本书是必读的。这本书提供了一个具体的、突破性的愿景，即在我们有限的地球上如何确保任何国家中所有人的福祉。通过遵循5项变革，我们可以共建一个真正公平的世界——这些变革是在未来10年加速实现可持续发展目标的路线图。我希望它能激发一场新的思想和灵魂运动，拯救我们宝贵的人类。

——潘基文（Ban Ki Moon）

第八任联合国秘书长

本书最终表明，人类在一个宜居星球上的未来取决于大幅减少社会经济不平等以及更公平地分配财富和权力。在我们走向"众生的地球"社会的漫长旅途中，这是一本必读之书。

——托马斯·皮凯蒂（Thomas Piketty）

法国经济学家，著有《21世纪资本论》等

世界各国和地区都应该探讨本书中探索的理念。我们需要改变我们的经济，让我们开始把人置于利润之前。富人和污染者需要为气候危机

对全球贫困、脆弱社区造成的损害承担相应的责任。我们早就应该创造一个对所有人都公平公正的世界了。

——凡妮莎·纳卡特（Vanessa Nakate）

气候活动家，非洲崛起运动创始人

人类正面临历史上最重要的 10 年，而此书就是在这样的时代出版的。我们现在所做的一切都将决定我们能否拥有一个可以守护的未来。为了保证人类的存活，我们需要了解目前面对的各种危机的相互关联性。《众生的地球》展现了这样的认知，并向我们呈现了一条将人类和地球的福祉，而非利润和增长放在第一位的道路。

——库米·奈都（Kumi Naidoo）

"非洲人为正义、和平和尊严而崛起"组织全球大使

捍卫当前经济模式的人为行动对地球的破坏日益加剧。它们引发贫困、不平等和排斥等问题，无法有效解决健康风险，又会激化冲突。简而言之，这种行为会威胁我们的工作、社区和共同安全。《众生的地球》呼吁人们采取行动，在 21 世纪发展时，将人类和地球作为共同繁荣的指引。此书是不容忽视的行动路线图。

——沙兰·伯罗（Sharan Burrow）

国际工会联合会（ITUC）秘书长

本书规划了一条通往可持续幸福未来的道路，这条路可以克服社会对经济持续增长的依赖。我们现在比以往任何时候都更需要它。

——罗伯特·科斯坦扎（Robert Costanza）

伦敦大学学院（UCL）全球繁荣研究所（IGP）生态经济学教授，

斯德哥尔摩复原力中心（SRC）高级研究员

本书的多位作者确保了足量的精神食粮和高能量的行动燃料。"碎步迟行式"和"阔步快进式"这两个场景将帮助读者直面我们现在面临的生存现实，而书中的议题将有助于指导我们这些珍视未来、准备撸起袖子为所有人追求更好未来的人。

——约翰·埃尔金顿（John Elkington）
Volans 联合创始人兼首席传播官

《增长的极限》出版后的 50 年间我们并未采取系统性的措施缓解书中分析的风险，而《众生的地球》便是我们弥补不作为的机会。这次我们没有 50 年的时间，我们最多有 10 年的时间来践行这 5 项非凡的变革。如果不从这 5 个方面入手制定路线的话，你我就无法成为这个世界所需要的系统变革的领导者。你应将阅读此书纳入你的紧急任务清单中。

——范易谋（Emmanuel Faber）
21 世纪转型经济学委员会 Earth4All 成员

研究世界面临的多重危机并提供切实可行的解决方案是一项雄心勃勃的事业。这里提供的解决方案对于那些从破碎的系统中受益的人来说，可能很难做到。事实是，地球有局限性，不采取行动，代价将极其昂贵。要么我们现在就行动，要么面临无法控制的破坏。领导人可能会争辩说，他们无法做到所有需要做的事情，但如果读了这本书却什么也不做，那将是一大耻辱。

——尼莫·巴塞（Nnimmo Bassey）
尼日利亚环境权利行动和地球之友总干事，国际地球之友主席

及时且精彩的书。《众生的地球》为我们保护地球的同时转变经济、战胜贫困描绘了一张具体的路线图。无论对基层群众还是国家领导人来说，这

都是一本鼓舞人心的良书。我们会倾听书中的建议吗？我们会带来转变吗？

——西拉·佩特（Sheela Patel）

印度促进地区资源中心学会（SPARC）主任

本书向我们展示了如何实现所需的变革以应对地球和人类所面临的挑战。对于所有想肩负起责任、加入变革运动的人来说，这是一本必不可少的读物。

——凯特·皮克特（Kate Pickett）

英国流行病学家，著有《公平之怒》等

继《增长的极限》50年后，本书指出，为我们星球上的众生建设一个繁荣的未来是可能的，并展示了如何做到这一点。本书绝对是决策者和领导人的必读之书。

——亚内兹·波托奇尼克（Janez Potočnik）

前欧盟环境专员，斯洛文尼亚欧洲事务部前部长，

国际资源委员会（IRP）联合主席

这是一本非凡的、具有潜在历史意义的突破性指南，旨在为生活在有限的地球上的众生创造一个可行且充实的未来。我大力推荐。请阅读它、分享它、讨论它。

——戴维·科顿（David Korten）

原哈佛大学商学院教授，美国新经济运动领军人物，

著有《新经济的进程》等

我一直把最初的《增长的极限》放在触手可及的地方。现在，我将

把这本书放在它旁边。这是任何有志成为合格祖先的人的必备指南。

——罗曼·克兹纳里奇（Roman Krznaric）

英国文化历史学家，著有《同理心》《历史的慰藉》等

这是我们第一次对未来有一种既不是乌托邦也不是崩溃的叙述，这是一个令人向往的未来。

——卡萝塔·佩蕾丝（Carlota Perez）

英国经济理论学家，著有《技术革命与金融资本》等

在不公平和不可持续的消费模式驱动下，人类的健康日益受到多重环境变化的威胁。本书描述的经济转型可以支持实现人人享有健康，并为世界各地的社会提供机会，使其在地球范围内繁荣发展。每一个关心未来的人都应该阅读这本书。

——安迪·海因斯（Andy Hines）

美国未来学家，休斯敦大学副教授

尽管本书没有提及变革所需的深刻文化与精神革命以及相关的多元世界论，但作者提出的"巨大的飞跃"的5个方面（贫困、不平等、性别、食物和能源）对于形成根本性转变，进而对于我们和自己、我们和地球和平相处至关重要。

——阿希什·科塔里（Ashish Kothari）

非政府组织"如意树"（Kalpavriksh）和"全球备选方案织锦"倡议（Global Tapestry of Alternatives）成员

具有前瞻性的《增长的极限》出版50年后，这份罗马俱乐部的新报告为当前的社会经济转型提供了最具说服力和实用性的蓝图，以避免

气候灾难，为每个人建设一个更美好的社会。

——洛伦佐·菲奥拉蒙蒂（Lorenzo Fioramonti）

意大利教育部原部长，著有《GDP之后的世界》等

本书清楚地说明了与不平等和贫困做斗争是阻止气候变化、保护地球的先决条件。这本书呼吁世界各国政府升级其经济体系。这是一本必读的书。

——简·卡博博-玛丽亚拉（Jane Kabobo-Mariara）

内罗毕大学经济学教授，

德国全球和区域研究所咨询委员会成员

本书为我们提供了一个愿景——人类与自然平衡的未来，这是决策者的必读书籍。

——恩斯特·乌尔里希·冯·魏茨泽克（Ernst Ulrich von Weizsäcker）

德国伍珀塔尔研究所创始主席，德国议会议员，

罗马俱乐部名誉主席

在这个避免生态系统崩溃、机不可失的历史时刻，本书告诉我们从哪里开始，如何开始。

——格雅·赫林顿（Gaya Herrington）

荷兰计量经济学家，可持续经济研究者，

施耐德电气公司ESG研究部副主席

什么是好的投资？什么对社会有益？在这两者之间寻找平衡点是困难的。本书提供了一个强大的新框架，这是每个有影响力的投资者必读之作。

——道格·赫斯克（Doug Heske）

新日影响力投资（Newday Impact Investing）创始人

多人的智慧严密地结合在一起，面对这个时代的挑战，提交了一份可信的答卷。本书绘制了一条经过科学测试的路线，描绘了一个在蓬勃发展的自然系统和可再生农业模式支持下，所实现的包容、清洁、现代的经济体系。全书充满丝丝入扣的思想，可靠地回答了当下时代面临的挑战。

——查尔斯·安德森（Charles Anderson）

材料物理学家，联合国环境规划署金融倡议（UNEP FI）前执行主任

《众生的地球》尖锐地评判了我们这个时代最大的挑战：如何战胜不平等和贫困，同时如何应对气候变化和环境破坏问题。正如此书紧急呼吁经济转型，我也呼吁我们的国家领导人采取相关行动。我们所有人都该阅读此书。

——石井菜穗子（Naoko Ishii），

东京大学教授兼执行副校长，全球环境基金会（GEF）前首席执行官

顽强的乐观主义或停滞不前的悲观主义。长期的预想或短期的应对。集体智慧或个人主义。人类的福祉或强迫性的消费。重视我们的未来或忽视它。一个宜居的星球或不稳定的星球。为了建造一个繁荣的共同的未来，我们需要做出的选择很明确。同样明确的是，我们需要立刻采取行动，扳正破碎的社会经济模式带来的不平衡。而不甚明了的是，我们该如何定义必需的系统变革，如何管理变革带来的复杂性，如何建设性地让所有利益相关者参与进来，如何安排不同参与方的行动顺序，如何确定战略转型的优先次序，如何衡量转型的影响，又该如何预测和减轻风险……而这就是《众生的地球》的意义所在——此书汇聚了我们这个时代最知名的思想家、科学家和经济学家对积极变革的真知灼见。这是一个重新校准过的透镜，可以审视我们这一代面临的挑战，即如何实现全球平等，如何保护地球的健康。这是一张

地图，助人浅浅探索或深入研究，启迪心智。任何重视我们未来的政策制定者、企业领导人、负责任的投资者和全球的公众都应该阅读此书。《众生的地球》呼吁人们行动起来，为了集体福祉，进行社会和政治变革。《众生的地球》深受《增长的极限》的影响，但它的内容又有极大的延伸。它是我们飞跃到大多数人所渴望的未来的指南。这是我们时代的故事。一个不容错过的故事。

——特雷莎·里韦拉（Teresa Ribera）
西班牙副总统兼生态转型和人口挑战部长

出现及时，内容重要。该书对实现更好的人类共同的未来做出了重大贡献。

——周晋峰
中国生物多样性保护与绿色发展基金会副理事长兼秘书长，
第九届、十届、十一届全国政协委员

基于全球和地方的行动，《众生的地球》展现了一个可能的未来愿景。我们希望该书能激发人们诚实且大胆的讨论，并能帮助世界各地的人们下定决心重新规划他们的社会。

——钱德兰·奈尔（Chandran Nair）
全球未来研究所创始人和首席执行官，
著有《废除全球白人特权：后西方世界的公平》等

本书把可持续发展领域的最新研究成果整合起来，讨论了未来30年如何用一代人的时间实现发展模式的转型。在《增长的极限》及其思想演变的50年进程中，如果说以前比较多的是揭示经济增长存在物理极限,那么现在越来越着重强调如何在地球极限内实现经济社会繁荣。

——诸大建

同济大学特聘教授,同济大学可持续发展与管理研究所所长,

"绿色前沿译丛"和"绿色发展译丛"主编

建设众生的地球,需要全人类的觉醒,需要从人类与地球的新文明观重建属于人类的共生、共建、共享、共赢的新文明,这个新文明已经浮出水面,就是生态文明。

——张孝德

中共中央党校(国家行政学院)社会和生态文明教研部教授,

中国国家气候变化专家委员会委员

在一个健康的星球上实现全球福祉是世界各国的责任,在"碎步迟行式"和"阔步快进式"的岔路口,《众生的地球》像一本行动指南,为我们指明了珍视并投资地球的途径,这本书值得一读。

——伊迪

完美世界集团总编辑

这不仅是一份举足轻重的报告,更是一个跨学科的全球倡议,探讨实现可持续发展的最合理路径,为人类进入"甜甜圈经济学"的安全公正空间指明了方向。

——邵庆龙

德国"洪堡学者",柏林自由大学访问学者

目 录

推荐序 1　从《增长的极限》到《众生的地球》　诸大建 / 1
推荐序 2　人类的觉醒：从《增长的极限》到《众生的地球》　张孝德 / 13
译　　序　行动的力量：未来、碳平等与非凡的变革　周晋峰 / 21
原版序 1　克里斯蒂安娜·菲格雷斯 / 27
原版序 2　伊丽莎白·瓦图蒂 / 29

1 众生的地球——在一个健康的星球上实现全球公平的五个非凡变革

从两个迈向 2050 年的场景中得到的启示　/ 006
未来场景简史　/ 013
从《增长的极限》到"行星边界"说　/ 017
"众生的地球"倡议　/ 023
人民支持经济系统的变革　/ 030

2 探索两个场景——是"碎步迟行式"，还是"阔步快进式"

1980 年至 2020 年简要回顾　/ 042
场景一："碎步迟行式"场景　/ 044
场景二："阔步快进式"场景　/ 055
我们共同创造哪个场景　/ 063

3 向贫困诀别

当前问题是什么 / 070

扭转贫困：应对挑战 / 074

实施解决方案所面临的障碍 / 081

结论：贫困的转变 / 084

4 不平等变革——分享红利

经济不平等的问题 / 092

迈向更平等社会的巨大飞跃 / 101

克服障碍，走向平等 / 105

结　论 / 107

5 赋权变革——实现性别平等

人口问题 / 113

扭转局面：教育、收入和养老金 / 117

教育转型 / 119

经济独立和领导能力 / 123

有保障的养老金和有尊严的老龄化 / 125

结　论 / 126

6 粮食变革——使粮食系统对人类和地球更健康

消耗地球的生物圈 / *132*
障　碍 / *146*
结　论 / *149*

7 能源变革——让一切电气化

挑　战 / *154*
"不要抬头看" / *157*
Earth4All 模型分析中的能源变革 / *164*
障　碍 / *167*
结　论 / *172*

8 从"赢家通吃"的资本主义到 Earth4All 经济体

一个新的经济操作系统 / *174*
收租资本主义的兴起 / *177*
重新思考人类世的共同财富 / *179*
传统的经济棋盘 / *182*
改绘棋盘 / *186*
短期主义：通向寄生金融系统 / *189*
实现系统改变 / *190*
如何解决系统故障 / *192*
结　论 / *194*

9 行动号召

未来比我们想象的更近 / 201

团结八方之音 / 204

附录：关于 Earth4All 模型

模型的用途 / 210

模型的历史 / 211

主要组成模块 / 212

模型因果循环图 / 213

模型的创新点 / 215

Earth4All 游戏 / 216

注释 / 217
本书贡献者 / 229

推荐序 1

从《增长的极限》到《众生的地球》

在《增长的极限》出版 50 周年之际,兰德斯教授与他的梦之队携手研究写成《众生的地球》,以多种语言在世界上出版。读到此书有快感,在此谈一些兴之所至的感受和想法。

一、纪念《增长的极限》50 周年最有意义的事情

《增长的极限》称得上是 20 世纪下半叶以来最有思想影响的一本书,用《众生的地球》纪念《增长的极限》出版 50 周年是最有意义的事情。2022 年,我自己的一些学术活动、写作和讲演就是围绕这方面的话题展开的。

《增长的极限》出版以来差不多每十年就有一个修订版。我的书架上有所有版本的中译本,写作和准备讲演时经常拿出来翻阅。前三版由德内拉主持。2000 年我在上海译文出版社的支持下主持翻译了"绿色前沿译丛"的十几本书,就特别纳入了 1992 年出版的《超越极限》。2001 年德内拉去世后,兰德斯承担起主笔者的角色,2012

年出版了《2052：未来四十年的中国与世界》。2022年又出版了眼前《众生的地球》一书。撰写者除了老将兰德斯，还有提出地球"行星边界"说的约翰·罗克斯特伦等思想精英，称得上是在新时代研究这个问题的"梦之队"。

2018年兰德斯和约翰·罗克斯特伦、斯托克内斯等人为罗马俱乐部写过一个报告《转化是可行的——如何在地球行星边界内实现可持续发展目标SDGs》。看得出现在的《众生的地球》在这份报告基础上融入了更多系统化的思考。核心内容是讨论如何在地球行星边界内实现全球可持续发展目标，提高社会福利指数同时降低社会张力指数。《众生的地球》认为抓住五个重要的杠杆点，可以实现从现有范式向新的范式的重大转型，在一代人的时间里改变当前的人类发展窘境。

最近十年中我与兰德斯有过几次接触。2012年我曾经给他的《2052：未来四十年的中国与世界》中译本写过《从〈增长的极限〉到〈2052的中国与世界〉》的评论，邀请他来同济大学做过报告。他承担过上海2050年的战略研究，我们一起吃饭时讨论过发展如何超越GDP。到首尔参加国际地方可持续发展组织发起的城市可持续发展会议，我们住在同一个酒店，交谈时他说他看好中国的可持续发展。我关注兰德斯的学术活动和思想进展，感觉他这个"沙场老将"在可持续发展领域是越战越勇。他自己也曾诙谐地说，现在充满干劲，觉得政府的退休年龄政策应该进一步延后才行。

二、《众生的地球》重在讨论如何超越地球生物物理极限

从一开始,《增长的极限》就有破旧立新两方面的向往。破旧,是要指出地球存在生物物理极限,强调要无止境地扩大经济增长的物质规模是不可能的;立新,是要建设性地开发作为替代的新发展模式,讨论有极限的经济社会发展应该怎么样。在《增长的极限》及其思想演变的50年进程中,如果说以前比较多的是揭示经济增长存在物理极限,那么现在越来越着重强调如何在地球极限内实现经济社会繁荣。

《众生的地球》提到了2009年以来有利于接受《增长的极限》思想的三方面的重要成果。一是2009年和2015年,约翰·罗克斯特伦等人提出了地球"行星边界"的概念,发现地球行星存在9个生态边界,其中包括生物多样性、二氧化碳排放在内的4个边界已经被人类的经济增长所突破。二是2012年和2014年,格雷厄姆·特纳把1970～2000年的真实世界数据与《增长的极限》中的场景做对照,证明经济增长与物质消耗的情况与《增长的极限》估计的指数增长情况相一致,指出增长经济学家讨论的物质消耗倒U形曲线的情况并没有出现。三是凯特·拉沃斯于2012年在里约会议上提出了甜甜圈经济学的概念。2017年出版的《甜甜圈经济学》把地球行星边界9个生态边界与经济社会的12个边界结合起来,强调了在地球物理极限内的经济社会发展应该是什么。

《众生的地球》把可持续发展领域的最新研究成果整合起来，讨论未来30年如何用一代人的时间实现发展模式的转型。全书内容有内在的紧密联系。第一部分（1～2章）是关于"为什么"，指出全球未来有两种发展战略和发展模式，可持续发展需要阔步快进模式。第二部分（3～7章）是关于"是什么"，讨论"阔步快进"模式需要推进的5个方面攻坚战，涉及贫困、公平、女性、粮食、能源等领域。第三部分（8～9章）是关于"怎么做"，指出现在的资本主义体制不能解决根本问题，需要建立面向可持续发展的合作治理新机制。

三、未来发展的两种场景

　　从《增长的极限》到《众生的地球》，极限范式的研究特征是场景分析，即设想不同的场景下人类社会会面临什么样的情况。与以往各个版本的分析总是有两个以上的多场景分析不同，《众生的地球》从对比研究出发，这一次只强调了两种场景，即一切照旧的"碎步迟行式"（Too Little To Late）场景和可持续发展转换的"阔步快进式"（Giant Leap）场景。两种场景代表了两种不同的发展思维和发展方式。前者是无极限的外推思维，本书分析了按照一切照旧的发展模式会给人类未来带来什么样的负面结果；后者是有极限的回溯思维，本书用回溯思维论证了如何用地球极限倒逼经济社会发展实现倒U形的转折。全书用两个综合性的指数分析了两种发展场景的差异。一个是正向的社会福利指数，表示经济社会福祉的增加。另一个是负向的社会张力指数，表示人们对发展状况的紧张和不满意。

通常，1950年被认为是"人类世"的开始。威尔·史蒂芬研究了1750到2000年经济社会的趋势和地球系统的趋势，证明两大方面各12种现象从1950年以来指数增长出现了大加速。以往的研究数据证明1980年到2020年的40年，人类社会发展上述两个指数之间的关系是倒挂的。社会福利指数是倒U形的下降，2010年左右达到峰值1.1，然后开始波动下降，2020年的值是0.8；社会紧张指数是正U形的上升，2000年达到最低值1.1，然后开始持续上升，2020年的值是1.3。

《众生的地球》重点讨论能否在2020～2050年用一代人的时间实现倒U形转折。展望未来30年，一切照旧的场景是两个综合指数之间的差距将扩大。其中，社会福利指数将进一步下降，2050年以后在0.3上下波动，远远低于现在的水平。社会张力指数到2050年达到最大值1.7，然后到2100年保持到1.4左右，仍然比现在的情况差。两个指数的差值最大达到1.4左右。"阔步快进式"场景有可能使得社会福利指数高于社会张力指数，2075后出现稳定的正向关系。其中，2030年社会福利指数达到阶段性高点的1.3，然后以正U形的形式震荡向上到2100年达到1.9。社会张力指数在2020年达到高点1.3，然后在这个点波动稳定。兰德斯将这个转型与中国过去30年的经济社会奇迹做比较，说如果能够这样做，那么世界可持续发展的奇迹可能会比中国改革开放以来取得的成绩还要大，前者使8亿人摆脱了贫困，后者是要让全球80亿人受益。

四、实行转型的五个行动

与以前各种《增长的极限》版本做比较,《众生的地球》大大强化了有关实现场景的路线图和行动领域的研究。实际上,兰德斯从2012年出版《2052：未来四十年的中国与世界》以来,就在持续加强这方面的工作。《众生的地球》对5大行动领域提出了相应的判断指标和要达到的目标,提出了从路径依赖到非线性变革的循序渐进的金字塔型对策举措。

有关到2050年5个领域要达到的目标。一是在贫困领域,低收入国家要采用新的经济模式,关键政策指标是低收入国家的GDP每年至少要增长5%,直到人均GDP超过每人每年15000美元;二是在平等领域,改变令人震惊的收入不平等问题,关键政策指标是最富有的10%的人占有国民收入不超过40%;三是在赋予妇女权力即人口领域(妇女没有权力导致了人口增长),改变性别权力不平衡的问题,投资于所有人的教育和健康,关键政策目标是在2050年以前将全球人口稳定在90亿以下;四是在能源领域,从化石能源转化为可再生能源,关键政策指标是温室气体每10年减一半(即平均每年减少7.2%),到2050年达到净零排放;五是在粮食领域,粮食系统要成为可再生型和对气候和自然都友好,关键政策目标是在不扩大农业用地的情况下为所有人提供健康的粮食(粮食消费与农业用地增长脱钩)。

《众生的地球》分析领域变革的理论基础是系统分析中的杠杆解概念。这是德内拉在最初的几个版本中一以贯之的思想方法,是极限范式与众不同的元研究方法。德内拉在《增长的极限》中将杠杆点描述为"复杂系统中的某处，在其施加一个小的改变可以在整个系统中导致显著的变化"。通俗地讲，这是发展研究中的"二八"思维。可持续发展要解决的问题虽然错综复杂，但是用杠杆解的做法可以找到影响80%问题的关键20%。1950年以来的资源消耗、环境污染以及气候变化等全球大加速是症状，根本的原因是无止境地追求GDP增长，《增长的极限》就是要针对GDP提出转变发展模式的杠杆解。按照可持续发展研究的PSR模型（压力—状态—反应），针对状态的治理方案是治标的，针对压力的治理方案才是治本的。

在这个问题上，极限范式的思维方法明显区别于两种发展研究的思路。一种是还原主义，分门别类的研究问题，以为解决了各自为阵的问题之后就等于解决了所有问题。其实问题之间的关系存在着相关性，有的关系是正向的，有的关系是负向的，如提高GDP需要消耗资源和能源。另一种是复杂主义，把问题搞得很复杂，却没有化繁为简的纲举目张方法。事实上，当下的联合国SDGs就面临着这样的挑战，因为提出的17个领域169个子目标在结构上是松散的。从2015年以来，一半时间快过去，虽然局部领域的情况有改进，但是总体上的情况离开在地球行星边界内实现可持续发展还很远。《众生的地球》就是要针对这样的困境提出解决问题的可行性行动。

五、众生地球的治理框架

用"目标—资本—治理"三层次组成的可持续发展框架分析《众

生的地球》，我觉得该书的思想和结构是非常清楚的。一是在目标层次上强调，"众生的地球"倡议是要关注行星边界内的全人类的长远福祉，是80亿地球人的社会福祉而不是一部分人的福祉。二是在资本层次上，强调贫困、公平、女性、粮食、能源5大杠杆性领域的转型，每个领域都要对应地从相关的旧范式转向新范式。三是在治理层次上，针对当前的基于涓滴效应的资本主义的治理模型提出了新的基于"众生的地球"的可持续发展的治理模型。

有关发展的治理模型通常需要分析5个主要的利益相关者及其相互关系，即政府、金融部门、生产者或企业、消费者或市民、顶端的财富拥有者。在资本主义的涓滴效应模型中，财富受重力作用，最终流向了两个主要群体，即金融部门和顶端的财富拥有者，如房地产、矿产、知识产权的垄断者等。

"众生的地球"治理模型是要改变这样的结构，使得消费者和市民成为主要的受益者。对金融部门、顶端财富拥有者、生产者都要加强监管，对他们使用公共财产征收费用。治理模型中的重要变革是建立公民基金。这个概念最早可以追溯到巴恩斯的《资本主义3.0》，阿拉斯加的石油公共基金是这方面的现实事例。如果收租资本主义是通过榨取公共资产而扩大私人资产的过程，那么"众生的地球"模型应该是保障公共资产而造福全体人民的过程。公共基金要求对所有使用公共资产的人进行收费，特别是要对最大程度使用自然资产的金融部门、顶端财富拥有者和企业征收费用，形成源源不断的公民基金之后给全体人民分红。阿拉斯加的案例是阿拉斯加的长期居住者每年可以获得石油基金的资产分红。《众生的地球》

要求建立范围更大的公民基金,不仅包括自然性的公共资产如土地、矿产、气候等生态支撑系统,而且包括生产性的公共资产如机器、道路、互联网等,以及社会性的公共资产如知识、法律、数据库等。

六、接受极限范式需要思想变革

《众生的地球》这样的主张极限范式的书,要得到增长范式认同常常是困难的。1972年《增长的极限》刚出版的时候,曾经得到过主流经济学家的关注,但是马上就成了被批判的对象。强调GDP增长的增长范式认为这不是经济学的思维方式,这是工程师写的书而不是经济学家写的书。他们认为技术和市场的效率改进可以治理资源环境问题,由此发展了基于新古典经济学的微观资源环境经济学。

这样的情景,很大程度与历史上在增长范式与极限范式之间有过一场学术博弈有关。《较量》(2013)对此做了详细的研究。1981年至1990年间,以生态学家艾利希为一方,以经济学家西蒙为另一方,打赌5种金属资源的价格10年之内是上升还是下跌,赌资是1000美元。相信地球资源富足的西蒙赌价格下跌,相信地球资源稀缺的艾利希押价格上涨,结果是西蒙赢了。但是后人认为如果打赌时间延长10年,或者打赌对象不是可替代性强的金属资源物品而是不可替代性强的生态系统服务,结果就会不一样。事实上,1990年代,西蒙曾经第二次提出打赌。艾利希说原来的金属价格实际上与环境质量关系不大，提出要用二氧化碳排放等 15 项生态系统服务作为判断指标，每项指标赌注 1000 美元。西蒙没有同意，结果第二次对决没有搞成。

这一次学术博弈使得经济学界的许多人从此以后对极限范式不再予以理会，认为后来的各种主张经济增长存在物理极限的观点都是老掉牙的论调。这成为《增长的极限》出版 50 年以来的一种传统，严重地影响了后来的经济学发展。我在国内学术场合碰到过类似的情形已经好几次。一次是参加香山会议，有位工程院院士问一位资深的经济学家，后者说完全不用担心自然资源会枯竭；一次是在教育部哲学社会科学某重大项目举行的论证会上，有经济学家说市场能够解决自然资源稀缺问题；还有一次是在国家有关部门举行的气候变化问题研讨会上，有经济学者说从碳排放天花板用回溯法研究双碳目标，不是经济学的研究方式。

增长范式与极限范式都在讨论可持续发展，但是两者的可持续性含义是不一样的。增长范式或新古典经济学是弱可持续性观点，一般撇开生态系统研究经济增长，在经济圈的价值流流程图里没有物质流的资源输入和污染输出。极限范式或可持续性经济学是强可持续性观点，区分了两种不同意义的增长。一种是用货币单位衡量的价值流的增长，通常用 GDP 表达。另一种是人类生产和消费导致的物质流的增长，可以用物质足迹或者生态足迹表达。事实上，一旦把经济系统放在生态系统里面看问题，就会发现在一个有限的地球上，用物质流的无限增长追求价值流的无限增长是不可能的。

我多年来的研究经历证明，当有人说从《增长的极限》到《众生的地球》的极限范式是在宣传悲观主义的时候,大多数情况下可以知道他们没有好好看过这方面的书。实际上,极限范式既不是盲目的乐观主义,也不是盲目的悲观主义。从德内拉到兰德斯都说自己是理性的现实主义和谨慎的乐观主义,对未来发展是有好的预期和对策的。德内拉在2002年《增长的极限》30年版本中指出面对极限有三种不同的态度,即一切照旧无视极限,强调效率改进可以突破极限,强调极限下的发展模式改进,极限范式倡导的是第三种积极进取的态度。兰德斯他们在《众生的地球》中把前两种态度归并为一种小步慢走模式,他们强调接受阔步快进的新模式,就是希望通过发展范式变革实现地球物理极限内的全人类持续繁荣。

研读《众生的地球》,需要认识到新古典经济学与可持续性科学之间的区别。地球行星边界、全球气候变化等发现,证明新古典经济学在自然资本等问题的理论假定上是落伍的。但是经济学关于成本与收益以及效率问题的分析方法仍然是有用的,需要并且可以更新再生,为实现地球极限内的社会经济繁荣做出贡献。传统的经济增长没有生态理性,而生态文明的实现需要有经济理性。这方面学者转型的一个事例是美国经济学家杰弗里·萨克斯。萨克斯在哈佛接受新古典经济学训练,最近20多年转身成为可持续发展战略的积极倡导者。2022年他写文章纪念《增长的极限》一书出版50周年,说了自己从事经济学研究50年的感悟:"就我而言,我也在努力帮助经济学再生,使之成为一门新的、更全面的可持续发展的学术学科。就像商业需要更加全面、并与可持续发展目标保持一致一样,经济学作为一门知识学科,需要认识到市场经济必须嵌入道德框架中，政治必须以共同利益为目标。科学作为学科，必须共同努力，联合自然科学、政策科学、人文科学和艺术的力量。"

诸大建

同济大学特聘教授

同济大学可持续发展与管理研究所所长

"绿色前沿译丛"和"绿色发展译丛"主编

推荐序 2

人类的觉醒：
从《增长的极限》到《众生的地球》

我从 20 世纪 80 年代末开始关注生态文明和环境问题，罗马俱乐部的报告《增长的极限》是我当时的启蒙书。在《增长的极限》（1972）发布 50 年之际，罗马俱乐部又推出了新报告《众生的地球》。半个世纪以来，罗马俱乐部一直恪守着他们对地球和人类命运的担当与使命，发表了一系列具有重大影响、引人发省、警世觉醒的著名报告。在大流行病、气候危机、中美博弈、俄乌冲突等一系列给当今人类文明带来巨大不确定性事件的影响下，罗马俱乐部的全新报告《众生的地球》的推出，其意义就是要警示与告诫全人类，我们已经处在必须做出重大抉择、必须做出重大改变的十字路口；就是在呼唤，已经处在临界点上的全球性危机需要全人类的觉醒；就是在倡导，需要我们从被各种局部利益锁定的小我中走出，从地球是我们众生地球的大我出发，共同参与拯救自我与地球的行动中来。

人类处在重大抉择的十字路口，全人类需要觉醒。报告的开篇就以警示并富有哲理的语言告诫大家："人类文明正处在一个独特的时刻，走到了一个十字路口。我们正深陷我们自己一手炮制出来的紧急状态之中。"地球本来就是众生共有的地球，地球本身就是可持续地生生不息地运行着，人类陷入全球生态危机、生命危机、粮食危机、治理危机等困境，是我们自己一手炮制的，而不是别人。50年前，《增长的极限》就曾警告人类，地球的资源是有限的，我们不可能在这颗有限的、蓝绿两色的地球上无限地扩张下去。50年后的今天，《众生的地球》发出的呼吁是：让我们把无限扩展的脚步停下来，我们需要一种新共识，一种新的生命观，即地球是所有生命共有的，不是人类这个生命群体独有的。我们需要一种更加符合地球本来如此的一种全新的生命平等观，就是地球上所有生命都是平等。目前正在蔓延的疫情，不断恶化的生态环境，造成不可逆的生物多样性危机，这是地球在用它的语言，向人类发出了最后警告，如果如此无限制地扩展下去，如果人类不做出让步与改变，地球将会以它自己的方式让人类回到应该回到的位置。在这样严峻的背景下，当代人类需要做出重大抉择：一是不做改变，沿着目前的路走下去，那么人类面临的就是让地球以自我修复的力量来改变我们，这个代价将是人类文明的悲剧。二是全人类觉醒，主动做出改变，以众生地球的生命平等观，以人类的智慧重建人与所有生命系统的共生、共享的地球，这是一条低成本的道路。

"大道废，有仁义；慧智出，有大伪。"(《道德经·十八章》)当代人类觉醒，是智慧与价值观的觉醒。应对全球危机最需要改变的不是技术，而是人类的智慧与价值观。我们形成新共识的大前提，就是要重新认识地球本来的样子。对于地球本来的样子，老子是这样讲的："天长地久。天地所以能长且久者，以其不自生，故能长生。是以圣人后其身而身先，外其身而身存。非以其无私耶？故能成其私"(《道德经·七章》)。2500年前老子发现地球本来的样子,是无私。天地长久的原因是天地无私包容。恰恰是天地的不求自生,而得到了长生。作为万物之灵的人类,也必须遵循这个规律,人类只有像天地那样,无私无我,才会像天地那样长久生存。中华民族成为世界上延续时间最长的民族也归功于践行了老子的这个智慧,即己所不欲勿施于人的伦理。

当代人类最需要反思的,就是地球成为今天这样,是我们自己造成的。人类的自私自利也该有所收敛。《众生的地球》所要唤醒的人类觉醒的智慧和价值观,就是要从被资本利益驱动的小我中走出,从被狭隘的殖民思维支配的小我中走出,从被消费主义所困的小我中走出,从被人类中心主义膨胀的小我中走出,以地球是众生地球的大我,重建我们共同的未来。

人类处在重大抉择的十字路口,需要从走什么文明之路开始做出抉择。罗马俱乐部半个世纪以来所发布的系列报告,之所以均具有振聋发聩、惊醒世人的作用,在于他们站的高度。"不识庐山真面目,只缘身在此山中。"他们走出这个平面的世界,站在高位时空鸟瞰这个世界。正是这个鸟瞰高度,使他们看到了生活在平面世界的人们所看不到的东西。在此高度,所立足视角,就是人类与地球的整体思维。《众生的地球》讲:"我们的分析侧重于深深交织在一起的两个系统:人类与地球;更确切地说,即全球经济与地球的生命支持系统。"

只有站在这样的高度,才能早在50年前,当人们在平面世界为工业化进步和人对自然的征服而感到自豪时,他们却发出了《增长的极限》的警告；只有站在这样的高度，才能在当今人类面对诸多世界性危机感到迷茫时，为在《众生的地球》的人类指出可抉择的两条道路。本书提出的"阔步快进式"以及"碎步迟行式"的两种通向未来的走法，就是未来的两条道路。为了尽可能使处在平面世界的人们，能够听懂他们所看到的那个未来道路，该书用了能够将人们产生在场感的"场景"这个词。该报告所讲的"碎步迟行式"场景，就是指在原来的道路上不做出重大改变的前提下，继续依靠现有的制度与技术碎步前行。如果这样，人类未来就会陷入更加严重的恶性循环与危机之中，使人类应对全球性危机系统崩盘，使整个世界陷入更大的不确定性中。与此同时，该报告也提供了另外一种选择，即"阔步快进式"场景。"阔步快进式"场景，就是人类要做出重大改变，即对现有的场景进行系统性、整体性、解构性改变，打破目前的恶性循环，使人类文明走出现有的轨道，在新的时空中开始新场景的构建。"阔步快进式"场景提出了重建未来需要进行的五个非凡变革，以此来阻止人类福祉的下降。

一、终结贫困。在"阔步快进式"场景的作用下，世界将在21世纪30年代初结束极端贫困（不到2%的人每天靠1.9美元生活），走出殖民化思维，让发展中国家走向自己繁荣发展之路。

二、解决严重的不平等。为确保未来一个国家最富有的10%的人占据的财富不超过国民收入的40%。最新公布的《2022年世界不平等报告》显示，在过去20年里，全球收入最高的10%的人群的财富占到国民收入的50%以上，收入差距几乎翻了一番。

三、为女性赋权。性别平等将有助于在2050年前将全球人口稳定在90亿以下。

四、使得我们的粮食系统保持健康,以造福人类和生态系统。到2050年,粮食系统必须成为可再生型,对气候和自然都友好的农业。

五、向清洁能源转型。大约每10年将排放减半,到2050年达到净零排放。

回到当今的中国,对这五个方面的非凡变革的理解,几乎没有什么障碍。因为用系统整体思维鸟瞰当今世界,是中国一直运用的世界观、方法论。用当今中国的话语来解读,这五个非凡改革所建构的"阔步快进式"场景,就是十八大提出的建设生态文明的场景。十八大提出五位一体生态文明战略,虽然不能与"阔步快进式"场景一一对应,但其所依据的系统整体的思维方式、追求人与自然和谐的自然观、推动人与自然和谐的友好型科技创新,推进绿色经济发展、解决贫困、走共同富裕之路等方面是高度一致的。

总之,人类处在重大抉择的十字路口,《众生的地球》所提出的两种场景,本质上是21世纪的人类要走什么样文明之路的抉择。"碎步迟行式"就是在现有的文明框架内徘徊;"阔步快进式"场景,就是要以非凡勇气对现有的文明进行重大变革,迈向新文明轨道。这个新文明就是越来越被全世界认可的生态文明。

人类处在重大抉择的十字路口,首先迈向生态文明新时代的中

国，已经让世界看到了希望的曙光。一直走在时代前列的罗马俱乐部报告，对未来富有洞见的预测和信心是报告特有的精神品格所在，正是这种品格才使其成为对社会有影响力、有能量的报告。如果说50年前《增长的极限》对尚在迷局的人类，提出的更多的是警告，那么50年后《众生的地球》对于处在危机与重建、希望与挑战、抉择与行动两种力量交织的十字路口的当今世界，展现了一个充满自信与希望的未来。该书在第一章中就告知读者："我们创作《众生的地球》是为了提供一份鲜活的、可信的、一以贯之的叙述，来说明怎样在未来50年内变革全球社会经济系统。"为什么罗马俱乐部对未来文明之路充满了信心，因为他们站在时代高度鸟瞰到的未来不是逻辑推理出来的，而是已经看到了这个新时代的曙光。从这个角度看，特别是生活在当代的中国人，更有理由对未来充满信心。因为已经出现在东方地平线上的21世纪人类迈向生态文明新时代的曙光，首先照耀到的就是中国。

中国已经开始率先走在迈向生态文明新时代的大道上，中国已经首先醒来，这应成为我们重新解读中国、重新认识世界与未来的新视角。如果继续站在工业文明时代的站位看中国，中国的角色是工业文明的追赶者，即使今天已经成为世界制造业大国，但就工业化综合水准看，中国与西方发达国家仍有较大的差距。但是从新时代的高度看中国，那么中国则是当今世界迈向生态文明新时代的开拓者、引领者。在世界首先高举生态文明大旗、举全国之力坚定地走生态文明大路的是当代中国。

中国迈向生态文明新时代，之所以未能引起当今世界，甚至中国自身的高度关注，其根本原因，就是把中国的生态文明战略等同于环境保护来看待。环境保护在发达国家已经搞了半个世纪，发展到今天的中国也必须重视环保，这显然不是什么大不了的事。这是对中国生态文明战略的重大误读。党的十八大提出生态文明建设是基于中国智慧的中国方案。生态文明建设不是单纯的保护环境，而是要尝试走一条不同于西方的新文明之路，是基于中国千年智慧禀赋、充分利用中国社会主义制度优势、立足中国实际、借鉴总结西方环境保护的经验和教训的大背景下，尝试走一条中国与世界共生、共建、共享、共赢的新文明道路。

这条新文明道路所展现的场景，不仅在许多方面与《众生的地球》所阐述的"阔步快进式"场景高度契合，而且"阔步快进式"在未来才能实现场景中的某些方面，在当今中国已经实现。例如，"终结贫困"，2021年4月6日，国新办发布的《人类减贫的中国实践》白皮书显示，十八大以来，经过八年持续奋斗，到2020年底，中国如期完成新时代脱贫攻坚目标任务，现行标准下9899万农村贫困人口全部脱贫。在解决贫富差距的问题上，目前中国又启动了实现共同富裕的战略目标。最近几年，粮食安全与健康也同样成为当今中国关注与努力解决的大事。在清洁能源转型上，无论从综合技术创新，还是在落地使用上，中国均走在世界前列。自从十八大提出搞生态文明战略以来，中国不仅已经完成了生态文明建设从理念到制度，从经济到文化，从环境到社会的全方位的顶层设计，同时在生态文明落地的建设上，已经取得初步成效。特别是中国在乡村生态文明建设方面，在习近平"两山理论"的指导下，中国不仅有浙江的乡村生态文明建设先行区，在十九大提出的乡村振兴战略的指导下，生态文明建设在中国的乡村正在全面展开，乡村将会成为中国最具有特色的生态文明建设的主阵地。

如果站在西方殖民思维和霸权思维看中国，就会认为中国的崛起将会使世界陷入新霸权争夺困境。如果从大历史观、从中国文化看中国，则会发现建立在儒家的利他伦理、追求天下为公、天下太平文明观的中华民族，是一个热爱和平、与自然和谐相处的民族。习近平在建党100周年讲话中明确讲："和平、和睦、和谐是中华民族5000多年来一直追求和传承的理念，中华民族的血液中没有侵略他人、称王称霸的基因。"当代中国的崛起不仅为世界和平发展带来了新力量，更是为世界迈向生态文明带来新的希望。十八大提出生态文明战略，很快得到了联合国和国际社会的高度认可。十八大以来，习近平总书记在许多国际场合不仅向世界阐述了中国生态文明建设战略和思想，围绕如何推进全球生态文明建设，也提出一系列的思想和对策。

总之，建设众生的地球，需要全人类的觉醒，需要从人类与地球的新文明观重建属于人类的共生、共建、共享、共赢的新文明，这个新文明已经浮出水面，这就是生态文明。

张孝德

中共中央党校（国家行政学院）社会和生态文明教研部教授

中国国家气候变化专家委员会委员

译　序

行动的力量：
未来、碳平等与非凡的变革

毫无疑问，这是继 50 年前《增长的极限》之后，罗马俱乐部又一部关于未来的预告。如果说《增长的极限》是启蒙与唤醒，那么《众生的地球》则澎湃着行动的力量。作为罗马俱乐部的一员，我曾多次与本书的作者们进行深入交流，对书中的观点和问题，也有着更加深刻的认识。因此，我越发忍不住将这本书推荐给更多的读者：是以"碎步迟行式"缓慢而无可避免地迈向"通往地狱的阶梯"，还是"阔步快进式"充满魄力且大刀阔斧地变革，这颗星球的未来，正在由人类采取的行动决定。

我们正处在一个通往不同未来的岔路口。一条路是继续工业文明时代的生产生活方式，让我们的下一代继续生活在一个动荡不安的地球上；另一条路是摒弃旧文明时代的惯性，实现系统性的变革，开创人类发展和人类文明的新时代。虽然我相信任何一个明智的人都会毫不犹豫地选择后者，但问题是，任何一点行动上的迟疑，都会让历史的惯性裹挟着我们在前者的道路上迷失得更深。现在，我们迫切需要遏止这种势头，就像围棋中的"扳"一样，通过强有力的行动，扭转方向。

联合国政府间气候变化专门委员会（Intergovernmental Panel on Climate Change，IPCC）最新报告表明，全球气温已经上升了1.2℃，也越来越接近上升1.5℃的阈值，2℃临界点的风险已经非常严峻。一旦突破临界点，地球生态环境将遭受永久性的破坏，越发严重的洪涝、干旱和火灾会让"水深火热"不再是形容词，而是与人类长期相伴的生活场景。"减碳"也因此成为现阶段影响全球未来的一项核心议题。

作为发展中国家，中国郑重做出了2030年实现碳达峰、2060年实现碳中和的承诺，这为全球应对气候变化注入了强心剂，也意味着要采取一系列大刀阔斧的变革。除了制定实施企业碳排放标准等举措外，我认为还有一条实现"双碳"目标的重要新思路，即"碳平等"（Equal Rights of Carbon，ERC）。

人人生来碳平等。关于这个议题，我思考了很久。2021年我曾前往山西考察燃煤发电，更早之前去参加联合国环境大会的时候，也看到了内罗毕一个燃煤电厂建设情况。通过实地考察，加上对中国碳减排政策和日益详细的"双碳"目标时间表、路线图的思考，并且经过不同的观点碰撞后，"碳平等"思路最终得以成形。

"碳平等"可以体现为两个方面：第一个是碳权（Carbon Rights），即我们的碳排放权应该是平等的，包括每个人的吃饭、开车、穿衣、住房等的碳排放权；第二个是碳责任，即大家有着共同的减碳责任。

每一个在地球上生活的个体、每一个团体、每一个民族、每一个国家，都有相同的碳权。国际上习惯从生产端思考关于碳排放的问题。比如，从能源的生产角度，要求能源企业减碳；从产业运作角度，限定一个企业单位产值的碳排放权，还有关于碳排放权的交易的规定等。我们还需要站在消费端思考，比如，山西是中国的产煤大省，该省燃煤发电除供给自身使用，还会输出供应外省市，那么输出的这部分对应的碳排放，应由购买使用这些电的外省市来承担。再如，河北生产的钢铁，如果是本省使用，那由此而产生的碳排放自然应该归属本省，但如果是供应外省，那么外销部分所产生的碳排放则由外省承担。这是一个基本碳权。一个国家内部省份之间如此，国与国之间也应如此。

"碳平等"也意味着每个人都应该为实现碳中和而承担责任。每个人，不论财富及地位如何，都应该为碳的收集、利用和储存付费，或者向那些为了保护湿地或森林，以帮助人们捕获和储存所释放碳的人付费。

"碳平等"思路，与"人本的解决方案"（Human-based Solution，HbS）不谋而合。2019 年，我提出了"人本的解决方案"，强调充分发挥人类自身的主观能动性，去解决由人类行为引起的生态环境问题。无论是生物多样性急剧丧失的危机，还是气候变化危机，都是由人类导致的，人类纪甚至带来了第六次生物大灭绝。解铃系铃，人类是这些危机的来源，那么解决的方案就是人类自己。通过每一个"我"的改变，比如选择不使用一次性塑料制品、夏天不要把空调度数调得太低、选择节能电灯……每一个人，每一天都可以带来改变，这种改变还会带动更多积极的改变。"碳平等"同样也是一种基于"人本的解决方案"——还有什么是比每个人都付诸行动更能创造一个富有希望未来的方法呢？

当然，政治、经济、宗教以及文化的差异性，依然是影响各个国家协同一致为实现可持续的未来而努力的重要因素。但正因为如此，我们越发需要一场伟大而非凡的变革。正如书中所述，这些非凡的变革能够为一个处在强大压力下的、富有弹性的文明奠定重要的基础。

在百年未有之大变局中，工业文明时代的发展模式已然行不通，三大危机——气候变化危机、生物多样性危机、公共卫生健康危机，正在用越发频繁且破坏力深远的自然灾害、全球性病毒大流行等，鲜明地警示着人们突破地球生态系统可承受边界的后果。

"人类世"的提出意味着人类行为对地球影响已经深入肌理。我经常会关注一些工程项目的环境影响评价报告及一些生态修复方案。因为任何工程，包括生态修复工程，都必然形成对自然的扰动，这种扰动不仅包括水文、土壤、地貌等，还包括生物多样性，而人类对待地球的真实态度，往往就在这些报告和方案的字里行间跳动着。结果并不乐观，很多工程仍是以"生态"之名，行"破坏"之实。究其根本，还是工业文明时代经济发展模式被放在了首位，对GDP的重视，被置于"绿水青山"之上。这无疑导致更多"越界"行为的发生。我曾就生态恢复提出四项基本原则，即节约原则、自然原则、有限原则和系统原则；就污染治理提出了"三公理"，分别为不扩散公理、不为害公理和充分公示公理。虽然是重点针对某些领域而提出的生态环境保护理念，但我认为，在人类活动如此频繁、影响如此巨大的今天，这些原则与公理，亦可广泛适用于我们整体的生态文明建设——因为这实际上代表了一种对人类行为的思考和劝告：请改变原有的消耗式发展，回到尊重自然的可持续发展中来。

变革，尤其是发展理念的转变，往往伴随着一定的阵痛期。但，不破不立，破而后立，大破大立，晓喻新生。《蒙特利尔议定书》的案例也告诉我们，人类可以通过正确、积极、有效的行动，补偏救弊。

我在大学、机关等场合讲课的时候，多次提到这个典型案例，即《蒙特利尔破坏臭氧层物质管制议定书》（Montreal Protocol on Substances that Deplete the Ozone Layer），也被称为《蒙特利尔议定书》，这是联合国为了避免工业产品中的氟氯碳化物对地球臭氧层继续造成损害，承续1985年保护臭氧层维也纳公约的大原则，于1987年9月16日邀请所属26个会员国在加拿大蒙特利尔所签署的环境保护公约。当时的科学家发现，工业文明时期制造沙发和空调产生的氟氯碳化物升到高空之后和臭氧发生作用，消耗了高空的臭氧，使得地球上的臭氧层被破坏，形成了臭氧层空洞且正在不断扩大，而如果没有臭氧层对太阳紫外线的削弱作用，紫外线将直接照射到地球上，大量的生命都将消亡。因此，世界各国签订了《蒙特利尔议定书》，共同抵制臭氧的消耗物。该议定书的签订，并非没有经历艰难阻碍。当时有很多人反对，其中不乏掌握话语权和决策权的政界领导、资本家，他们认为这将会带来巨大的工业产值损失，带来GDP损失，导致失业，等等。庆幸的是，人们最终还是采取了正确的行动：宁可不要空调和沙发，承受产业损失，也必须开启新的生产与生活方式。最终结果证明，该议定书的签订虽然带来了相关产业和经济发展的阵痛，但激发了新科技的研发，人们找到了替代性原材料，空调和沙发得以继续为我们提供生活服务，人类也成功地躲过了一场危机。

真正的智慧不仅在于能明察眼前，更在于能预见未来。我想中国正在快速推进的生态文明建设即如此，《众生的地球》发出的行动倡议，亦如此。

最后我想强调的是，虽然地球的未来需要具有魄力的领导与决策，但如果缺乏民众的广泛参与，地球不会变得更加美好。没有民众的迫切需求与推动，变革也就失去了其维系的动力。自2016年起，截至我写下这篇书序时，中国生物多样性保护与绿色发展基金会已在全国各地建立了189个社区保护地（Community Conservation Areas，CCAfa），101个邻里生物多样性保护（Biodiversity Conservation in Our Neighborhood，BCON）案例，93个生态文明驿站……这些努力中的每一个都凝聚着来自民间的生态保护行动，遍及全国30多个省份的数以万计志愿者以因地制宜的方式，为中国的生态文明建设打下了民众广泛参与的基础。基金会的这些行动并非个例，越来越多的行业、机构、团体，正在不断加入成为行动者——这也是我对人类未来秉持积极态度的信心之源。

谨以此序，致敬本书作者和每一位读者，以及地球上为可持续未来而行动的芸芸众生。

周晋峰
中国生物多样性保护与绿色发展基金会副理事长兼秘书长
罗马俱乐部执委
第九、十、十一届全国政协委员

原版序1

由于气候变化、环境退化和极端不平等，全世界数百万人正深受其苦。长期以来，多边体系和民间一直将这些多重危机界定并描述为独立的危机，每个危机都有独特的解决方案，而且彼此之间通常是相互竞争的。事实上，我们可将其理解为元危机①的不同方面。

《众生的地球》展示了我们如何共同应对这些危机，这就是为何本书如此具有批判性的原因。这是一条可能的道路，充满了执着和紧迫的乐观主义。《众生的地球》并没有掩盖事实或当前背景，也没有为未来提供乌托邦式的愿景。它向我们展示的是，通过在相互关联的挑战中实现五个非凡的变革，有可能避免日益严峻的社会紧张局势、不断加剧的人类痛苦和持续恶化的环境破坏。

在我们为应对这些挑战做准备时，应清楚地认识到，它们不仅在社会和经济现实中是相互关联的，从根本上来说，它们在根源上亦是如此。气候危机、自然危机、不平等危机和粮食危机都有着相同的深层根源——基于外在原则的采掘主义。这种采掘主义不仅耗

---

① 此处原文用词为 metacrisis，译为"元危机"，可大致理解为危机中引发众多危机的潜在危机。——译者注

尽了地球本身的土壤，也耗尽了我们的灵魂。

为推进良好和必要的工作，以重建我们的星球和社会：扭转我们的经济体系，使我们能够亲眼见证积极的变化，我们还必须重建人人都能从内心感受到的东西。

我们将需要一种积极健全乐观的心态，以鼓起改革经济所需的勇气，将人类和全球福祉放在首位。毕竟，经济是我们人类设计的一个系统。就目前的形式来看，全球经济反映了我们对内心世界以及人类最珍视的东西的长期忽视。我们鼓励竞争而不是合作。我们助长环境破坏，而不是寻求人与自然的平衡。我们提倡短期收益，而不是为子孙后代的长期和平与繁荣考虑。

为扭转这一局面，还需要重建我们每个人无形的内心世界，无论是对自己还是对他人，都怀抱怜悯、相互支持。元危机不仅是外在的——存在于我们之外，它也是内在的——存在于我们自身。

大规模的系统变化是非常个人化的，它从我们每个人开始，从我们优先考虑的事情开始，从我们愿意支持的事情开始，从我们决定如何出现在世界上开始：我们是人类下一章的作者。

因此，我鼓励读者——尤其是如果你是社区、公司或城市的领导者——在深入阅读这本优秀的著作前，暂停片刻，转身面对自己。仔细而有意识地思考你必须——也可以——发自内心地做出巨大的改变，以便为实现非凡的"阔步快进式"场景做出贡献。本书恰如一本行动指南，为我们提供了路线图。

克里斯蒂安娜·菲格雷斯（Christiana Figueres）
《联合国气候变化框架公约》秘书处前执行秘书
气候问题谈判专家

原版序 2

坐在小河边看流水潺潺、看树木在风中摇摆，是我生命中最美好且充满力量的经历之一。我们能从其中感受到自己与自然之间真切的连接。大自然给予了我们呼吸的空气，吃喝的食物，它与我们的健康和福祉密切相关。同时，大自然的美给我们带来快乐，通过欣赏大自然，我们的内心会感到平静。

看到大自然被破坏，我感到怒不可遏。每天我都和孩子们一起在校园内植树，但是世界各地庞大的机器仍然以疾风迅雷之势伐光片片森林，提取"财富"用于出口。有毒化学品和塑料污染了河流，毁掉了我们于河岸边小憩的欢乐，也破坏了为我们提供清洁饮用水的水源。

人类对地球生态灭绝的行为会导致人道危机，而这种危机也在迅速恶化。贫穷和不平等导致国家内部和国家之间的鸿沟扩大到不可逾越的地步。如今，非洲之角的数百万人正因气候问题忍饥挨饿，现状实在触目惊心。在我的祖国肯尼亚，我曾目睹无数人因旱灾生活困顿，甚至失去了生命。我曾拜访瓦吉尔（Wajir）并与当地人交流，他们已经对未来丧失了希望。

尽管这些人们失去了牲畜，遭受了巨大的苦难，但其中许多人并没有意识到气候危机的影响有多么广泛。他们不知道自己所经历的危机在世界各地都有发生，无论国界，而这是极不合理的全球经济体系的恶果。

同时，虽然世界各国领导人知道气候危机的危害，但他们似乎并未真正理解或感受到它们给人类带来的痛苦和毁灭性的影响。他们似乎没有意识到如今的系统对大多数人来说是行不通的。

旺加里·马塔伊（Wangari Mathai）教授是启发我从事气候活动事业最重要的人物之一。她曾说过："我们这些有理解能力的人，我们这些感受强烈的人，一定不能倒下。我们必须坚持下去。我们这些明白的人需要承担重担。我们是那些感到困扰，并因此采取行动的人。"

我曾请求过一些领导人打开他们的心扉，感受这些痛苦和折磨。我曾请求他们倾听真相，带着同情心行动；因为我相信，行动的意愿来自人们内心深处。我们人类有能力去深入关心此事，并采取行动。

如果我们能敞开心扉，变革行动的种子就能蓬勃生长。我们能够从现在相互关联的危机中大步飞跃，创造一个气候稳定、空气清新、水源干净、人人享有安全食品的未来。但要做到这一点，我们需要改变思维方式，需要讲述新的故事，陈述重要事务和可行措施。这就是为什么本书的故事如此重要。在本书中，人们的福祉才是解决方案的核心。

消除贫困、解决不平等问题，促使社会形成应对气候危机及其影响的能力,这正是旺加里·马塔伊开启她植树伟业时所坚守的信念。马塔伊教授阻止森林砍伐工作的核心目的是赋予女性权力,让女性能拥有住所,掌握足够的燃料、食物和金钱来支撑子女的教育。

《众生的地球》呼吁人们参与到这种联系广泛的环保工作中,养成新的思考模式。本书提醒我们这场可能会改变当今系统的变革有多么宏大。而将人们的福祉和尊严、合作和团结置于行动根源的新想法构成了这场变革的根基。

我喜欢公民大会,它们能将人民的声音和变革的想法汇聚起来,有力传达给全球领导人。我希望公民大会能四处"开花"。从马塔伊教授的研究和我自己的工作中,我意识到人们即便面临着压倒性的挑战,也能够为自己的未来负责。我知道我们的领导人都一心向善,我希望他们能敞开心扉,这样,我们就能共同努力,向书中描绘的未来进发。

我希望你找到一棵美丽的树或一条灵动的小溪,可以坐在自然间阅读本书。

伊丽莎白·瓦图蒂(Elizabeth Wathuti)
肯尼亚气候活动家
"绿色一代"倡议的创始人

1.

众生的地球——
在一个健康的星球上实现
全球公平的五个非凡变革

本书探索的是我们的未来，确切地说是 21 世纪全人类共同的未来。人类文明正处在一个独特的时刻，走到了一个十字路口。在撰写本书时，我们饱受新冠肺炎疫情、野火和战争之苦；尽管我们取得了前所未有的进步，但无法回避一个明显的事实——我们人类社会依旧极其脆弱，甚至不堪一击。除了迫在眉睫的纷乱动荡，我们正深陷在我们自己一手炮制出来的地球紧急情况之中。本书将要探讨的是，人类的长期潜力取决于文明——一个奇妙、自由、色彩斑斓、鼓舞人心又纷繁芜杂的文明。在未来几十年里，它将经历五次非凡的变革。

我们认识到了这些痛点。众所周知，我们必须彻底解决几十亿人的极度贫困问题；必须解决不平等危机；我们需要一场能源革命；我们的工业化餐饮正在扼杀我们；我们粮食耕种的方式正在摧毁自然，带来了第六次生物物种大灭绝。我们知道，人口不可能无止境地增长，同时我们的物质足迹不可能在我们这颗资源和空间有限的

第1章　众生的地球——在一个健康的星球上实现全球公平的五个非凡变革

蓝色星球上无限地扩张下去。

那么,"我们"(这里是指所有人和所有民族)能否携手,共同引领这个世纪？我们能否鼓起勇气、坚定信念去实现人类发展的共同飞跃？我们能否搁置分歧,消除新殖民主义和金融剥削,克服历史上的不平等以及各国之间的深度不信任,来应对长期的紧急状况？我们能否在未来几十年里,而非百年之后,实现系统性的变革？

我们撰写本书的目标,正是要向读者展示,这确实是完全可以实现的。我们不会付出损害地球的代价；相反,我们还会收获对未来的投资。基于系统动力学模型和专家评估,在本书接下来的章节中,我们将探讨这些紧急状况下最可能的出路,这将给全人类带来最佳的、最具人道主义的社会、环境和经济利益。

"众生的地球"倡议关乎"行星边界"内的全人类的长远福祉,关乎我们所珍惜的未来。绝大多数人都关心个人的未来,但是我们珍视我们共同的未来吗？以一个文明之名,以80亿人之名,以一个由多个社会密切交织在一起的网络之名,我们给出的证据并不充分。新冠肺炎疫情大流行无疑是一个重要的例证,展示了这种失败。尽管一些国家坐拥巨量财富,但我们根本就没有制定出基本的保障措施,来保卫人类文明免受极有可能是已知且完全可以避免的威胁。时至今日,与全球蒙受的苦难相比,为充分准备所做的投资仅仅是杯水车薪。

另一个长期失败的迹象是,在世界各地,几百万名儿童不得不走出校园,跑到大街上去游行,以引起我们的注意。罢课者想传达的信息其实很简单——我们的家园失火了。那些当权者在今日的选票支撑下，正在大幅牺牲他们的未来，让他们生活在一个动荡不安的地球上。大街上的游行牌子上赫然书写着"要系统变革，拒绝气候变化""倾听科学的声音"的标语。手持这些标语的年轻一代，正在要求一个公平、公正的社会转型。此事迫在眉睫。

他们的诉求揭示了一些令人不安的问题：为什么预防大流行病或气候灾难的行动如此捉襟见肘，甚至到了令人震惊的地步；由经济体系驱动的工业社会的发展方向是否已无望改变；无论地球人口是80亿人，还是100亿人，每个人都有可能在"行星边界"内实现繁荣；社会崩溃是不可避免的吗；抑或，我们能否找到一种方法，来珍视并投资我们所在地球的共同未来。

本书正面回答了最后一个问题。它介绍了始于2020年的"众生的地球"倡议的研究成果。随着新冠肺炎疫情在全球蔓延，一支由科学家、经济学家和多学科专家组成的国际团队一起分析：如何通过建立一个更公平、更富弹性的经济体系来应对当前相互关联的危机，并为未来的风暴早做准备。我们充分辩论，我们时有分歧。我们的一些分歧甚至升级到激辩的地步。哪怕大家都由衷地致力于终结贫困和新殖民主义，解决所有社会的不平等问题，但来自欧洲、北美、亚洲和非洲的专家学者之间所持观点还是有很大的不同。尽管如此，我们仍旧建立了信任，并最终达成了共识。

我们的分析侧重于联系紧密的两个系统：人类与地球。更确切地说，即全球经济与地球的生命支持系统。分析以系统思维为基础。系统思维是一种科学范式，在过去的50年中获得了突飞猛进的发展。系统思维工具能帮助我们理解复杂性、反馈环（feedback loops）和指数影响。

这个项目的核心成员是一个想要提出大胆建议的经济思想家委员会,即"21世纪转型经济学委员会"(Transformational Economics Commission),项目的基础是一个最先进的系统动力学模型——Earth4All。该模型让我们能够探索在对人类行为、未来科技发展、经济增长、粮食生产,以及所有这些如何影响生物圈和气候的一系列广泛的假设下,预测未来可能会发生什么。相反,这个模型也能告诉我们,不断变化的气候与生物圈会给人类带来什么样的影响。该模型说明了倘若贫富差距扩大或缩小,假使温室气体排放增加或减少,假如人口数量增长或下降,假若物质消费迅猛增长或被抑制,对公共基础设施与技术创新的投资急速增加等会分别引发什么情况。

该模型包括两个创新点,分别是社会张力指数(Social Tension Index)和福利指数(Wellbeing Index)。这使我们能够更好地探索政策,如与收入再分配有关的政策是否有可能导致社会局势的紧张程度增大或减少。我们认为,如果社会局势的紧张程度过度上升的话,社会可能会进入一个恶性循环,政府信任度下降导致政治不稳定、经济停滞和福祉下滑。在此情况下,政府将很难承受轮番而至的冲击,更遑论应对长期的、已现实存在的挑战,如大流行病的风险、气候变化或生态崩溃等挑战。

Earth4All模型是在全球范围开展的,这对于探索大范围内的长期趋势很有帮助。但这也可能会掩盖重要的区域性的差异。例如,显示出强劲经济增长的全球趋势,可能会掩盖某些地区的经济停滞。考虑到这一点,我们又进一步对这个模型做了拓展,来跟踪世界上的 10 个区域。[1] 这使我们能够看到，与欧美的高收入国家相比，我们的设想场景在撒哈拉以南非洲和南亚的低收入国家将如何发生。当然，在任何模型中，任何额外的复杂性都会产生新增的不确定性，所以我们要谨慎地对结果进行阐释。

从两个迈向 2050 年的场景中得到的启示

在诸多可详细展开来谈的模拟场景中，我们选择了两个模拟场景，姑且称为"碎步迟行式"（Too Little, Too Late）与"阔步快进式"（Giant Leap）场景。"碎步迟行式"场景追问：假如世界（以及现在的生物圈）的经济系统仍然基本上按照过去 50 年那样来运作，会怎样呢？目前在减少贫困、加速技术革新和能源转型方面的趋势，是否足以避免社会崩溃或地球系统的震荡？"阔步快进式"场景追问：如果经济体系通过非凡的努力被改变，以建立一个更富弹性的文明，又当如何？它探讨了消除贫困、构筑信任、提供一个稳定的全球经济体系以及为大多数人提供更高的福利可能需要做些什么。我们提到的这两个场景，都是根据专家评估和梳理现有的学术文献建立的，并且与 Earth4All 模型的输出保持内部一致性。当我们把这些结合起来时，我们就得出了以下结论。

第一，在当前的政治和经济道路上——换句话说，如果照着当前的决策方式继续下去——我们预计，不平等会如场景所设计的那

第1章 众生的地球——在一个健康的星球上实现全球公平的五个非凡变革

样持续加剧。同样，我们可以预期低收入国家的经济发展将放缓，造成旷日持久的贫困。由于国家内部的不平等，社会局势的紧张程度在21世纪中叶可能会上升。

第二，这些因素或将导致在应对气候和生态紧急情况时的行动迟缓。全球升温可能会大大地超过2℃，而2℃是《巴黎协定》设定的上限，被科学界确定为一条红线，而越过这条红线是极不明智的。[2]大量的人口将越来越多地面临极端热浪，导致农作物歉收的特大干旱和暴雨肆虐会频发，海平面上升。随着21世纪社会局势的日益紧张，世界将面临区域性的社会动荡风险，而这种动荡风险会波及全球。与今日相比，地球系统的多个部分都将变得更有可能越过更多不可逆或突然而至的临界点，而这又可能会进一步加剧社会张力和冲突。突破气候与生态临界点，其影响可能会持续几个世纪，甚至上千年。

第三，我们的成果使我们确信，在未来的一代人中，需要进行五个非凡的变革来阻止人类福祉的下降。

- 终结贫困
- 解决严重的不平等
- 为女性赋权
- 保持粮食系统健康，造福人类和生态系统
- 向清洁能源转型

这五个非凡的变革是作为政策路线图而设计的，将适用于大

多数人。它们并非试图创造一些可望而不可即的"乌托邦"。相反，这五个非凡的变革能够为一个处在强大压力下的富有弹性的文明奠定重要的基础。更重要的是，世界上早已有足够的知识、资金和技术可以将这些变革付诸实践。这五个非凡的变革也并非标新立异。推动它们的各种行动早就在许多报告中被分别描述过。我们现在要做的是，努力通过Earth4All模型，用一个动力系统把它们连接到一起，以评估它们在合力运行下能否创造出足够强大的经济动力，从而将全球经济从当前所在的破坏性道路引导到一条具有恢复力的道路上。

我们虽不能说这是关于未来的一张安全、公正的精确蓝图，但我们敢断言，从现在开始，对这五个领域进行集中的、大规模的投资确有必要。何出此言？因为要"公正"地解决气候的紧急情况，就需要在一代人的时间内，重新配置全球能源系统，而能源系统是所有经济的基础。很多工程解决方案，如太阳能电池板、风力涡轮机、电池和电动汽车，早就已经有了，而且以指数级的规模增量扩张。但是，这些解决方案必须确保其价格是一个全球中产阶级可以接受的，是公平的，而且能负担得起的价格，否则就有可能遭到严重的抵制。如果已经进行的能源转型延续了历史上的不公正，那么它就会带来社会不稳定。"众生的地球"的非凡变革理论指明了成功之道。

第四，建立一个更有弹性的文明所需的额外投资，其实可能性是很小的。在可持续能源安全和粮食安全方面，每年需投入全球收入的2%～4%。[3]但是，这种投资不可能仅靠市场力量来实现。这五个非凡的变革,需要重塑市场和长线思维。只有政府——在公民支持下的政府——才能提供这些。因此,政府需要变得更加积极。在开始实施后的头几十年里,投资将是最高的,然后就会降下来。

第五,收入再分配是必然的。长期的经济不平等再加上短期的经济危机(这是目前大多数大型经济体的运行方式),会导致经济焦虑、不信任和政治功能失调。这些都是民主社会中极化效应的重要风险因素,极具破坏性,会导致社会紧张局势加剧。由于目前占主导地位的经济模式将导致更大的收入不平等,因此需要采取特别的干预措施来解决这个问题,方能让我们应对全球的生存威胁。

我们提出了一系列的政策,以确保一个国家最富有的 10% 的人占据的财富不超过国民收入的 40%。这与海市蜃楼般的一些乌托邦所期待的"完全收入平等"虽相去甚远,但我们预计这已是一个正常民主社会的最低限度。当严重的不平等腐蚀了社会信任,民主社会就更难以做出共同的长远决策,来减少碳排放、保卫森林、保护淡水,以及将全球升温控制在科学家们估计的相对安全的水平(1.5℃)。如果做不到这一点,这种失败将反过来使全世界面临更多的极端热浪、农作物歉收和食品价格冲击。它将使不平等现象继续恶化,又进一步削弱信任,并将对政府的治理能力进行极限测试。

第六,这五个非凡的变革是可以在 2050 年之前实现的,也就是说,只需要一代人的时间,但是必须立刻开始行动。比起束手就擒，如果我们在 2050 年前能全力以赴让地球稳定下来，那么我们的未来将更和平、繁荣、安全；若不立即采取行动，我们就可以预见社会紧张局势的加剧，这将使未来解决文明，挑战变得更加困难。

第七，这五个非凡的变革将具有一定的破坏性。这一点是无法逃避的。这五个非凡的变革将与正在进行的破坏性趋势相互作用，如指数型技术革新的下一个阶段。指数型技术有望在人工智能、机器人、连通性和生物技术方面进行革命，带来经济、健康和福祉方面的诸多好处，但同时会对个人隐私、安全和社会就业的未来产生巨大影响。我们需要在这场变革中建立起社会安全网，来保护社会中的所有人。这就是为什么我们建议用公民基金（Citizen Fund）来分配"全民基本红利"（Universal Basic Dividend），作为基石政策创新，来解决不平等的问题，并保护民众免受不可避免的经济破坏。与传统的"收费与分红"政策一样，"公民基金"分为两个部分。私营部门因使用国家公域资源、全球公域资源而被征收费用，也就是说，因开采应被视为由社会所有人管理的资源而被收费，包括化石燃料、土地、淡水、海洋、矿物、大气，以及数据和知识。这些费用被放入国家公民基金中，然后这些收入通过全民基本红利被平等地分配给这个国家的全体公民。

我们最后得出的结论是，尽管有诸多预警，对我们的共同未来持乐观态度是可能的、可取的，甚至是必要的。我们的分析表明，它也是完全可行的。实现"众生的地球"的窗口依然敞开着：在行星边界内，仍然可以实现人类的福祉。通过财富重新分配的一致努

第1章 众生的地球——在一个健康的星球上实现全球公平的五个非凡变革

力，可以在国家内部和国家之间建立信任，为做出长远决策开辟空间，来降低诸如气候破坏、未来大流行病等人类生存挑战的风险。在实现这五个非凡的变革之后，快速的经济发展可以在2050年之前消除绝对贫困。迅速摆脱今天的化石燃料和挥霍性的食物链，有可能为所有社会带来长远的能源安全与粮食安全。随着经济的转型，目前在拥挤的城市中忍受可怕空气污染的成百上千万人口将能够重新呼吸到清洁的空气。由指数型技术和系统效率促成的清洁能源革命，能让低收入国家在满足它们物质需求的同时，避免重演历史上富裕国家曾经犯过的错误。通过这五个非凡的变革，我们将更加珍视我们的未来。

上述分析清楚地表明，未来十年必将发生史上最为迅速的经济转型，转型规模之巨大，可能会令人瞠目结舌。

这次经济转型的规模或将超过两次世界大战后美国援助欧洲经济复兴的"马歇尔计划"。

或将超过20世纪五、六十年代发达国家在亚洲和非洲国家开展的旨在实现农业工业化和消除饥荒的"绿色革命"，并超过20世纪中叶最终导致一系列国家独立的反殖民主义运动。

或将超过20世纪60年代为美国、欧洲和其他地方的边缘化群体争取到更多平等权利的民权运动。

或将超过20世纪60年代曾花费美国国内生产总值2%的登月活动。

或将超过中国过去30年内使8亿人脱贫致富的经济奇迹。

所有这些都能合为一体。令人激动！我们这本书的挑战就是让你相信这是可以做到的。

这将需要建立世界上有史以来最为广泛的统一战线。在未来几十年中，随着经济力量从旧的、占主导地位的"西方"向我们在本书中所说的"世界上绝大部分国家"转移，这种统一战线就会产生。在各个地区，我们需要不同年龄、不同职业的多数人参与进来。这将需要对全球经济体系进行重新布线。特别是我们需要对经济增长进行重新思考，使需要增长的经济体能够增长，使过度消费的经济体能够开发出新的操作系统。

这将需要对物质消费进行重新思考，据预测，如果不进行这五个非凡的变革，到2060年物质消费将翻一番。

它将需要对世界上的资金流动进行重新设计。这意味着要改造金融体系，对国际货币基金组织和世界银行等机构进行升级，使资金流动惠及穷人，而不只是那些财富排在前10%的人。

这将需要更高效、更智慧、更富有开创精神的国家。这些国家能放眼未来，把人民的安全放在第一位。政府必须积极地支持创新，重新设计市场，并重新分配财富，所以需要唤醒政府。[4]毕竟，一个国家的首要职责是保护公民免受伤害。在这个动荡的世纪中，这就意味着必须从系统的角度来思考问题，在全球范围内采取行动，并且在有利可图之前进行投资，以增加后代的福祉。

第1章 众生的地球——在一个健康的星球上实现全球公平的五个非凡变革

未来场景简史

"众生的地球"倡议基于过去几十年来针对经济与地球系统开展研究。让我们先把时钟拨回到50年前。当时人们对人口增长、污染和地球的状况的关切与日俱增。再往前追溯10年，蕾切尔·卡森（Rachel Carson）所著的《寂静的春天》引发了人们对人类可能破坏地球生活环境的真实而严重的担忧。认识到这一点，联合国召开了第一次"地球峰会"——在斯德哥尔摩召开的联合国人类环境会议。在这次峰会召开之前，麻省理工学院（MIT）的一群年轻研究人员写出了一本引人注目的书——《增长的极限》。[5]

鉴于当时决策方式的延续，《增长的极限》对于生态过剩和社会崩溃的可能性发出了警告。该书的作者们指出，如果人类继续追求经济增长和指数级消费，而不考虑有限的自然资源或环境成本的话，那么全球社会将在21世纪上半叶超过地球的物质极限，届时可获取的食物和能源将急剧减少，污染增加，随之而来的就是生活水平的下降，并最终带来人口数量减少。始料未及的是，这本书竟成了一本畅销书，在全世界热销了几百万册。

《增长的极限》的分析还是基于当时新的计算机模型——World3。与今天的标准相比，20世纪70年代初计算机的水平是非常有限的。尽管如此，麻省理工的这支团队还是首次创建了这样的模型，试图捕捉人类社会在一个资源有限的星球上发展的复杂的全球动态。

该团队使用 World3 模型来探索与人口增长、生育率、死亡率、工业生产、食物和污染有关的大尺度的未来场景。World3 模型捕捉到了其中的一些复杂性，如粮食生产不可能无限期地扩大以及人口增长对粮食供应的影响等。从那时开始，其他计算机模型相继面世，用于研究复杂的全球挑战。事实上，本书中所阐述的内容采用了一些与 World3 模型相同的技术，我们的中心模型 Earth4All 是由《增长的极限》的四位原作者之一乔根·兰德斯（Jorgen Randers）设计的。

《增长的极限》团队使用 World3 模型来探索一系列的未来场景。虽然有些场景因不断加剧的污染、粮食产量下降和人口急剧减少而以崩溃告终，但并非所有模型场景都遵循这一路线。该小组还确定了一套产生"稳定世界"场景的假设。在这些情况下，人类的福利可以增长并保持在较高水平，还可以采取重要行动措施来避免崩溃。媒体和其他评论家在很大程度上忽略了这些场景，而是将注意力聚焦在"如果按照传统轨迹增长，则会出现崩溃"这一巨大威胁上。决策者们也往往忽视了这些，他们选择了保持自满，遵循新自由主义经济理论，不惜一切代价追求增长，尽管《增长的极限》早就对这种一切照旧的做法会产生的长远影响发出了警告。

那么，现在 50 年过去了，我们如何看待当初《增长的极限》所提出的设想，它们是否与现实有任何形式的一致性？

经过长达半个世纪的观察，我们可以说，World3 不仅是最著名

第1章 众生的地球——在一个健康的星球上实现全球公平的五个非凡变革

的模型之一，也是一个令人惊叹的高度准确的全球评估模型。2012年，澳大利亚物理学家格雷厄姆·特纳（Graham Turner）曾经把1970年到2000年的真实世界数据与《增长的极限》中的场景进行了对比。他发现，设想的场景与现实有很强的关联性。之后，2014年的研究也佐证了这一点。[6]

荷兰研究人员加亚·赫林顿（Gaya Herrington）是"众生的地球"倡议21世纪转型经济学委员会的成员之一，2021年，她决定看看那些数据在今天是否依旧适用。于是，她把过去40年来获得的数据跟最新版本的World3的4个场景做了比较（图1-1）。[7] 其中场景一（BAU，Business as Usual）假设世界不发生任何改变，在经济和政治上一切如常。原有的场景一的一个更新版本是假设化石燃料这样的

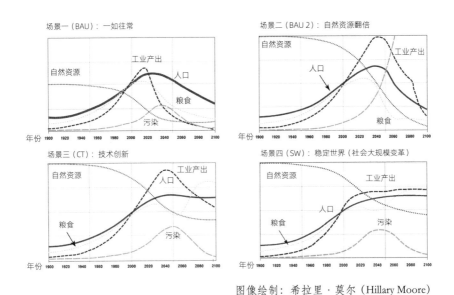

图像绘制：希拉里·莫尔（Hillary Moore）

图1-1 《增长的极限》中的4个场景

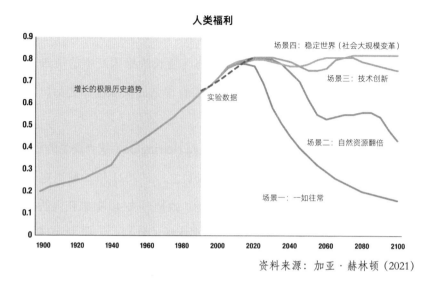

图 1-2 增长的极限模拟场景与截至 2020 年联合国人类发展指数的历史数据就 4 种场景下人类福利变量的对比图

可获取的自然资源的翻倍（BAU2，Business as Usual 2）。第三种场景假设大规模、全面的技术创新（CT，Comprehensive Technology），以解决在接近全球极限时遇到的一些问题，如粮食的可获取性。第四种场景探索了一条稳定世界的途径（SW，Stablized World），即把优先事项从物质消费增长中转移出来，转而投资健康和教育，减少污染，并更有效地利用资源。

赫林顿的研究提醒我们，《增长的极限》并非仅为做出一个预测，而是为探索走向不同的可能的几条长期的未来道路。她发现，前三个方案最准确地跟踪了实际数据。这告诉我们两件事：首先，正如赫林顿所说的："经验数据与场景的紧密结合，证明了 World3 的准确

第1章 众生的地球——在一个健康的星球上实现全球公平的五个非凡变革

性。"其次,模型与现实之间的这种紧密结合,应该给我们敲响警钟。前两个方案都指向 21 世纪的崩溃。场景一显示了一个物质消耗与行星极限相冲击的世界。当场景二中资源翻倍时,低效的过度使用持续的时间更久,最终过度污染导致全面崩溃。在依靠技术创新的场景三中,技术创新导致了资源和工业产出的严重下降,但并未崩溃。只有第四种情况,也就是社会的大规模变革,会带来人类福利的广泛增加以及人口的稳定状态。

无论人们如何看待《增长的极限》所提出的观点,这本书都引发了关于文明、资本主义、资源公平使用和我们的共同未来的国际大辩论。这些辩论在这本书出版多年后仍在继续。罗纳德·里根(Ronald Reagan)对于这份报告的驳斥很著名。他曾说道:"增长无限制,因为人类的智慧、想象力和奇迹是无限的。"

里根谈到的"人类无限的想象力"或许不假,但并不能否认这样一个事实,即我们生活在一个物质有限且拥挤的星球上,同时这个星球正在经历深刻的变化。现在是时候开始运用智慧、想象力和奇迹来重新构想并建立公平的社会,使公民能够在我们唯一的、美丽的地球的行星边界内茁壮成长,并拥有追寻他们梦想的自由。

从《增长的极限》到"行星边界"说

自 1972 年《增长的极限》面世以来,在过去的 50 年中,有一个科学结论能立刻让其他的真知灼见黯然失色,即地球已经进入了一个新的地质时代——人类世(Anthropocene)。[8] 我们对于文明与地球系统的理解的范式转变,就如同哥白尼的日心说或达尔文的自然选择说一样,意义是非常深远的。

地质学家们把地质时代分成了侏罗纪、白垩纪、石炭纪等。这些单元指明了地球在进化过程中经历的主要转变。2000年,国际地圈—生物圈计划委员会的诺贝尔奖得主保罗·克鲁岑(Paul Crutzen)提出,地球已经进入了一个新的地质时代,即人类世。[9] 这一观点很快在研究界获得了认可与推广。通过"人类世",科学家承认现在地球系统内变化的主要驱动力是一个单一物种——智人(Homo sapiens),也就是我们。毫无疑问,纵观地球45亿年的历史,近几十年来发生在我们这颗星球上的事情绝对是独一无二的。

我们刚刚过去的这个纪元,叫"全新世"。它为人类文明创造了良好的条件。"全新世"始于11700年前最后一个冰河时期的末期,几经周折后,气候终于进入了一个相对稳定的阶段。而文明几乎立即就出现了,这并非巧合。宜人的气候以及相对稳定的状态,让农业(以及剩余物资的生产)成为可能。这个时期已持续了一万多年,若无意外,还可以再持续几千年,[10] 而今却岌岌可危。工业化社会的发展在20世纪50年代以后已经把地球逼向了全新世的临界条件之外,我们处于未知的领域。爆炸性增长及其对地球生命支持系统的直接影响可以很好地用"大加速图"(Great Acceleration)来表示(图1-3)。[11]

随着对"人类世"不断深入的了解,研究人员开始担忧地球的

第1章 众生的地球——在一个健康的星球上实现全球公平的五个非凡变革

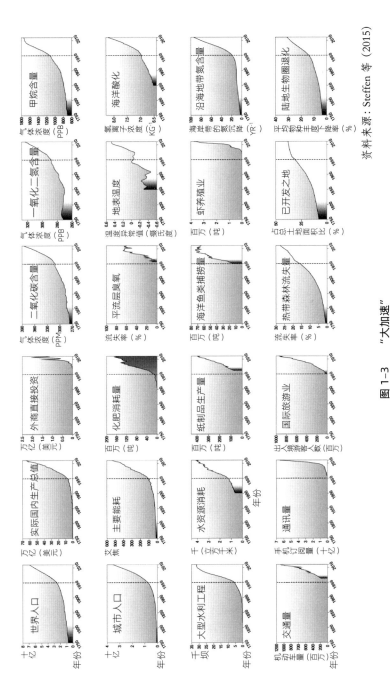

图1-3 "大加速"

资料来源：Steffen 等（2015）

工业革命开始于1750年前后，但工业革命对地球系统产生的不稳定影响直到20世纪中叶之后才开始显现出来，这也将"全新世"与"人类世"区分开来。

潜在临界点——非常显著的气候或生态变化，这些变化要么是突如其来的，要么是不可逆转的，或是两者兼备。这种担忧导致了一些人开始探索使地球处于类似"全新世"的系统状态的条件。这一点需要重点说明一下。"全新世"是我们知道的唯一能支持大型文明的状态。2009年，某研究团队发表了一个新的框架，该框架明确了行星的9个边界，地球若要维持在这个稳定状态中，就不应该超过这些边界（图1-4）。2015年，科学家认为人类的行为已经突破了气候、

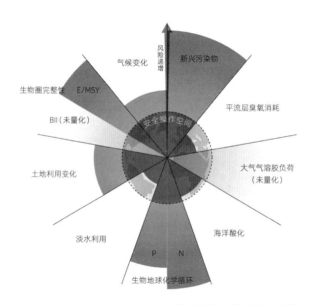

资料来源：斯德哥尔摩复原力中心 Azote

图 1-4　行星边界

"行星边界"决定着地球的状态。中心区域代表着"人类的安全操作空间"。在这个区域之外，地球系统的运作方式存在着深刻的不确定性。例如，跨越突然或不可逆转的临界点的风险，随着地球进一步超越边界而上升。2015年，行星边界的研究团队评估，有4个边界已经被打破。2022年，另一个研究小组首次评估了新兴污染物，其中包括塑料和其他化学污染物。该团队提出，这一边界也被打破了。

第1章 众生的地球——在一个健康的星球上实现全球公平的五个非凡变革

生物多样性、森林与生物地球化学循环（主要是我们使用的氮肥和磷肥）的边界。2022年，科学家宣布第五个边界已经被打破了，即包括塑料在内的化学污染。[12] 2022年5月，有专家指出第六个边界正面临严峻挑战，淡水边界中的"绿水"（植物根区土壤水分）正在被逾越。[13]

临界点的风险现已十分严重。事实上，2019年，科学家们宣布，数量惊人的倾覆性的"要素"现在正变得"蠢蠢欲动"起来：亚马孙雨林正在以前所未有的速度衰落；南极洲西部冰盖的关键部分正显示出不稳定的迹象；西伯利亚及加拿大北部的永冻土正在消融；珊瑚礁在死亡；北极地区夏季的海冰显示出不断减少的趋势。[14] 地球最近已经突破了好几个临界点。

综上所述，我们可以明确地将我们目前的状况定义为一个紧急情况。借用泰坦尼克号的比喻设想一下：如果在船只与冰山相撞之前只剩下60秒的时间，而需要用60秒或更多的时间来转向以避免撞击，那么这显然就可以被称为"紧急状况"。至于是不是有足够的时间来采取行动，还很难讲。是时候拉响警钟了！最多只需要一代人的时间，这艘巨轮就能驶向安全区。非凡的变革亟须开始。

"行星边界"的框架已催生对于风险的新思考，并激发了许多研究团队去探索其对政策和经济增长的影响。英国经济学家同时也是"众生的地球"21世纪转型经济学委员会成员之一的凯特·拉沃斯（Kate Raworth）为该框架增加了12个社会边界——即获得水、食物、医疗保健、住房、能源和教育等基本要素的最低标准。在像甜甜圈一样的图中描述了行星与社会边界，并为人类经济定义了一个安全的操作空间——"生活在甜甜圈中"(图1-5)。在这个范围中,人类活动不会超过地球的生态上限,人类也不会跌落到社会基础之下;在这个范围中,[15]注重福利的经济能获得蓬勃发展。这个世界上还有太多的人仍挣扎在社会门槛之下,在边缘挣扎我们将在本书第三、四章中重点讲述。

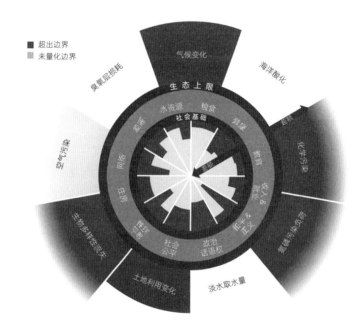

资料来源:凯特·拉沃斯(2017)

图1-5 "甜甜圈"模型

我们已经打破了4个行星边界,世界各地的许多人生活在社会边界之外。我们的目标是将人类带回其安全的操作空间,即"生态上限"与"社会基础"之间的区域。

第1章 众生的地球——在一个健康的星球上实现全球公平的五个非凡变革

"众生的地球"倡议

在不久之前,全世界一起商定了一个文明的愿景,即联合国在2015年制定的17个可持续发展目标(SDGs)。所有国家都已承诺将努力去达成这些目标,这些目标包括了在2030年终结贫困,为所有人提供负担得起的能源等。

然而,还有一些很大的问题尚未得到解答。可持续发展的目标是能够达到的吗?要达成,得怎样去做?展望2030年之后,能为稳定星球上的芸芸众生带来长久繁荣的可行路径又是什么呢?

"众生的地球"倡议的成立,构建了一个由科学家、经济学家和思想领袖组成的团队对这些问题展开研究,并探讨实现可持续发展目标的最合理路径,进一步为人类构建一个安全的操作空间,一个走向福利经济体,朝向这个"甜甜圈"中心的生活。我们希望,这项研究能够提供一些有用的指导,指明应该将哪些作为优先事项,需要投资多少,以及我们的社会和经济需要哪些根本性的变化,才能增加在21世纪达成目标的可能性。在这个意义上,我们希望"众生的地球"能成为21世纪在这个有限星球上的一本文明存续指南。

然而,我们必须承认,我们肯定无法得到全部的答案,也没有任何人能预测未来。幸运的是,其他组织和研究团队也在努力应对这些同样的挑战。纵观他们的工作,我们可以看到,在迫切需要巨大变革的方面,大家存在着广泛的共识。这给我们带来了信心,我们正走在一条正确的道路上。尽管如此,我们还是要强调专家之间存在(并且将一直存在)分歧的地方,以及让前方大道充满艰难险阻的持续张力。

我们开发出了 Earth4All 模型,来帮助探索并演示模拟场景。在第二章中,你会读到更多关于两个最重要场景的内容。鉴于我们最近的情况,"碎步迟行式"场景仍然是最有可能发生的;而"阔步快进式"场景是我们能找到唯一合理的方案,它能很好地帮助实现人类的长期目标。

我们对 21 世纪的展望分析表明,"阔步快进式"的 5 个非凡变革,可以通过实施以下关键政策目标来实现(图 1-6)。

图 1-6　5 个非凡变革之间是相互联系的,它们共同创造了一个完整的系统

- **平等**：令人震惊的收入不平等问题必须解决。可以通过累进所得税和财富税，给公民赋权，以及通过公民基金的红利来解决。

  关键政策目标：最富有的 10% 的人拥有国民收入的 40% 以下。

- **贫困**：低收入国家将需要采用新的经济模式。一个起点是，对国际金融体系进行改革，以消除风险，并彻底改变对低收入国家的投资。

  关键政策目标：低收入国家的国内生产总值（GDP）每年至少要增长 5%，直到人均 GDP 超过每人每年 15000 美元。[16]

- **赋予妇女权力**：改变糟糕的性别权力不平衡，这需要为妇女赋权，并对所有人的教育和健康提供支持。

  关键政策目标：性别平等将有助于在 2050 年前将全球人口稳定在 90 亿人以内。

- **能源**：我们必须改造能源系统，来提升能效，加快可再生风能和太阳能电力建设，将温室气体的排放量每十年减半，并提供清洁能源，这也将促进能源安全。

  关键政策目标：大约每 10 年将温室气体排放量减半，到 2050 年达到净零排放。

- **粮食**：到 2050 年，粮食系统必须成为可再生型、对气候和自然都友好的系统。

  关键政策目标：在不扩大农业用地的情况下，为所有人提供健康的饮食，同时保护土壤和生态系统，并减少食物浪费。

我们把这五大解决方案称为"非凡的变革",因为它们以显著的方式打破了过去的趋势,并有可能带来真正系统性变革。在某种程度上,这些变革可能构成一个新的社会契约的基础,使处于"人类世"中的国家能良好运作。

第三到七章中详述了这些非凡变革所包含的内容,以及怎样来实现这些转变。正如你所看到的,它们之间存在着深刻的、系统的内在联系:能源对粮食产生影响,而粮食和能源又影响着更大的经济体系。消除贫困需要对财富进行再分配,这创造了信任并加速了福祉。赋予妇女权力能带来经济机会,缩小家庭规模和不平等并促进所有社会中更健康的关系。正如罗马俱乐部联合主席、"众生的地球"21世纪转型经济学委员会成员曼费拉·兰费尔(Mamphela Ramphele)所提醒的那样:人类在本质上是要相互联系和相互依靠的。[17]

诚然,在一个深度复杂的世界中,要实施这些非凡的变革是一个令人望而生畏的挑战。但是,从白蚁帝国到天空中惊鸿一瞥的椋鸟,从天气预报到全球经济,我们知道,一些看似深不可测的复杂事物其实都源于一些简单的规则或联系。

在图1-7中,我们列出了每个变革的3个最强大的社会经济杠杆。首先从底部开始,在今天现有的经济范式中,我们认为是基本的政策变化,但随即就转向更大胆的政策,这些政策真正界定了一个适用于"人类世"的新的经济范式。在金字塔顶部的杠杆,能真正实现向新经济范式的转变,即所谓的"福祉经济学"。在这里,你会发现一些"众生的地球"内含的宏大理念:只有当我们尽早、有力地拉动"众生的地球"中这些大胆的杠杆时,我们才能看

第1章 众生的地球——在一个健康的星球上实现全球公平的五个非凡变革

到在 21 世纪中叶是向一个足够公平、公正且安全的世界进行加速转变。

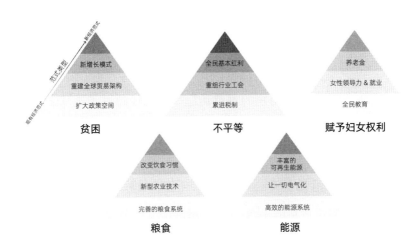

图 1-7 五大变革的金字塔模型

在 Earth4All 模型中，每一次变革都有关键的杠杆，将产生不同比例的影响。从每一个金字塔的底部开始，我们从在当前的范式中寻求经济解决方案开始直到顶端，实现真正意义上的"阔步快进"，我们将被带入一个新的范式中。

但是，你——没错，就是你——能探索 Earth4All 模型中的其他场景和解决方案，而且我们也鼓励你去这么做。它就像一个简单的在线工具一样好使。详情参见本书附录。

你可能注意到了，有一些问题并没有明确地成为其所在"非凡的变革"的显著主题。"治理"在哪儿？当然这需要一次全面检查。"健康"在哪儿？或者，像自动化和人工智能这样的指数型技术又在哪里？在这些领域所发生的事情无疑会改变人类在地球上的未来。这些问题是我们场景中交织的红线。欲知详情，请在 21 世纪转型经济学委员会的深度研究论文中阅读更多关于这些问题的内容。

你可能也注意到了,我们没有把物质消费列作一个单独的"变革"。相反,这一点是贯穿所有变革的一条红线,必须如此,因为物质消费的规模大得吓人。自 1970 年以来,自然资源开采量已经增长了两倍。2020 年,地球跨越了一个严峻的阈值:人类生产的混凝土、钢铁、塑料和所有其他材料的重量加起来,已经超过了地球上所有生物质的重量。[18] 今天,地球人口已近 80 亿,算下来我们平均每年每人生产 530 千克水泥、240 千克钢。[19] 除了清洁的水,混凝土俨然成为地球上消耗量第二大的产品。因此,钢、铁和水泥的生产占全球二氧化碳排放量的 14% 也就不足为奇了。

需求一直在增长,但这并不是必需的。无论我们要创建的未来是什么样,它都需要原材料。如果我们珍重地看待我们在一个稳定星球上的未来,那么我们就必须耗费更少的资源去办更多的事。最终,政府需要刺激加快变革,过渡到循环经济。建筑法规的微小变化,可以使钢铁和水泥的需求减少约 25%。钢铁和铝已经是地球上回收率最高的两种材料,但如果我们必须使用新材料,我们可以改变生产系统。例如,用氢能炼钢,而不是拿煤炭来炼钢,就可以将排放量降低 97%,[20] 这令人叹为观止。

但是,当谈到消费的时候,围绕着公平性会产生一些重要的问题。世界各地消费的水平并非平均配置。20 个最富有的国家使用了 70% 以上的资源。迄今为止,全世界温室气体排放增长最快的是最富有的 1% 的社会。过度消费是一个系统性挑战:经济体极尽消费之能事,不惜以牺牲社会凝聚力、人类和行星的健康为代价。在本

第1章 众生的地球——在一个健康的星球上实现全球公平的五个非凡变革

书中，我们来直面消费问题。每个变革，都旨在减少不公平、不必要的物质足迹。其中一些可以通过累进所得税来解决，在其他地方，仅"公民基金"就能帮助减少不可持续的消费，并能更公平地重新分配财富。通过从本质上减少社会中最富有的人的物质消费，并通过采取更明智的方式来为人们提供真正需要的东西，我们可以为世界上大多数国家90%的人腾出更多的空间，让他们公平地享有资源。

在第二次世界大战后的几代人眼里，国内生产总值（GDP）的概念演化为决定经济是否健康的方式，尽管GDP并不衡量人们的健康或福祉水平。GDP仅是以"美元/年"衡量总体经济活动性的尺度。GDP除了描述一年中产出的产品和服务的总量与每单位产出价格的乘数，并无他物。在贫穷的经济里，上升的劳动产出带来了更好的福祉，因为所有东西都是稀有的。但在一定收入水平之上这条就不成立了。许多研究表明，即使GDP增长，福祉水平仍旧是停滞不前的。除了能接触到更多的产品和服务，人们得承认他们的肠胃被单调的饮食填充，他们的城市街道被汽车阻塞，他们的肺被空气污染所阻塞。在这个阶段，减少对经济增长的关注并追求对大多数人福祉的增长是理性的表现。低收入国家需要发展它们的经济，尤其需要可持续地实现。如果我们在解决能源和食物的挑战中获得成功，会导致GDP的增长——这样的增长会带来长期更好的福祉。所以，相比短视地专注于几个月内GDP增长的数字，政治领袖更应该发问：我们的经济是否最大化地改善了大多数人的生活？我们的系统是否被认为是合理、公平的？几乎没有国家能对这些问题给出肯定的回答。

人民支持经济系统的变革

我们提出的建议,将要在短短一代人的时间之内进行一场史无前例的经济转型。事实上,只要10年的时间。所有公民是否都准备好来迎接改变?除了街头的抗议人士吸引媒体头条,社会上是否有普遍的意愿来进行更广泛的系统变革?公民们是否意识到了我们未来面临的风险规模?人们是否愿意采取行动?他们是否准备好迎接一个真正为每个人提供福祉的新经济体系?换句话说,迎接一个真正公平的未来?

我们进行了一项全球范围内的调查(主要聚集G20国家)[21]来了解情况(详见第九章)。这项调查结果显示,如果政策制定者进行必要的系统性经济变革以建立一个有利于自然的、零排放的、公平的未来,那么公众会给予压倒性的支持。这些研究成果应该为各国领导人提供自下而上的公众支持,以更快地实施符合"众生的地球"目标的政策。但是,政治家们必须找到创新的方法,来为这种变革买单——而这些方法不会令大多数工作的人觉得不公平。

变革之势,正在聚集。随着我们进一步深入21世纪,世界各地的人们都受到了频繁的经济危机、大流行病、战争、洪水、火灾和热浪的影响。但是有太多的人看不到实现经济安全的可行途径。哪怕是在世界有史以来最富裕的社会中,许多人也感到经济上的不安全，担心被抛弃。在最贫穷的国家，人们看到富国拉起了堡垒周围的吊桥："不得进入"。2008年的全球金融危机已经清楚显示：银行利润掌握在私人口袋里，但公众却要承担损失的代价。传统的增长模式似乎与传统经济学中的效率和紧缩一样失灵了。目前尚未看到任何连贯的解决方案。

我们创作《众生的地球》是为了提供一份鲜活的、可信的、一以贯之的叙述，来说明怎样在未来50年内变革全球社会经济系统。这种叙述基于科学知识，并使用定量系统动态建模来进行说明。"21世纪转型经济学委员会"来自全球多个学科的专家们对这项研究结果进行了审查，发现并讨论了不足之处。

本书提出了一份激人奋发的、坚韧且乐观的未来指南。但是，我们能有多大可能到达那里？亲爱的读者，这取决于你接下来的行动。

2

探索两个场景——
是"碎步迟行式",
还是"阔步快进式"

模拟场景是关乎人类未来的故事，能帮助我们当下做出更好的决策。每个场景都描述了一个合理的跨越未来几十年（甚至更远）的发展路径。但这未来场景并不等同于预测。它们不预测最有可能的未来情形，这不像天气预报会预测最有可能的天气。确切地说，这两个场景为以下重要的问题——"如果……会怎样？"给出了答案：

倘若世界持续存在高度不平等和过度使用破坏地球材料的问题，怎么办？或者，若政府改变路线，怎么办？或者，若新的可再生技术成本迅速下降，其发展速度变得更快，怎么办？

当一个人面临未来的巨大不确定性时，这些模拟场景是有用的。但是，要想真正有用，每个场景必须从一系列有效的假设出发（这些假设是从数据和长期观察中得出的），场景内部都必须保持一致性。例如，我们知道，一个国家的教育水平越高，生产力就会越高，家庭规模就会越小。因此，一个有关社会变革的有用场景

第2章 探索两个场景——是"碎步迟行式",还是"阔步快进式"

应该反映上述这一点。研究人员通常会开发出一组场景来反映可能的未来,并评估它们相对的吸引力。借助这种方式,场景不仅可以帮助人们规划不确定的未来,还可以帮助人们积极地创造和塑造未来。

为了展望面向2100年的全球发展场景,我们使用Earth4All模型所生成的场景具有内部一致性。该模型的假设源于1980年到2020年真实世界的数据。建立模型的确再现了观察到的人口、教育、经济和温室气体排放的历史发展模式,以及过去40年里模型中涉及10个区域的其他所有变量。尽管Earth4All模型是对现实世界一种极为简化的描述,但它确实很好地跟踪了过去40年全球和地区的主要趋势。[1]这让我们对模型的实用性有了一定信心。它可以作为一种工具,以内部一致的方式来描述未来可能的场景。我们从1980年开始建立这个模型,以重现到2020年的历史趋势,然后在不同的政策假设下运行到未来,探索这10个区域在一个多世纪里(直到2100年)的发展过程,这取决于人们共同做出的决定。

Earth4All模型的作用在于,展示未来可能的一致性场景,有助于评估各种替代决策可能产生的后果,并发现哪些系统性转变可能产生重大影响,以及哪些系统性转变可能影响甚微。此外,这个模型还可以让我们了解这些转变将花费多少成本,在特定时间内达到特定水平的福利需要多少投资等。

我们在众多场景中选择了两个场景。我们把第一个场景称为"碎步迟行式"场景。这一场景反映了我们当前的发展轨迹——社会在得过且过发展的同时,不断吹嘘和瞎折腾"可持续性"。在此场景中，大多数国家在消除贫困和稳定气候方面取得了零碎的、渐进式的进展，却没有真正解决一个重大且不可忽视的问题[①]——不平等。"得过且过"能提供一条通往 21 世纪末的安全通道吗？还是会在社会内部和社会之间造成深刻的断层线，让国家和地区陷入混乱，并冒着严重不稳定的风险？在"碎步迟行式"场景里，似乎后者的可能性更大。这一场景中，最富有的 10% 的社会阶层和最底层的 50% 继续分化，社会信任度下降，而社会和国家之间相互对抗，争夺资源。共同行动如此之少，以至于无法限制人类对自然的巨大压力。地球的生命维持系统（如森林、河流、土壤和气候）不断恶化，有些系统越来越接近临界点，或跨越了突发的或不可逆转的临界点。对于那些贫困的原住民和野生动物来说，这是一个稳定的"通往地狱的阶梯"。

我们把第二个场景称为"阔步快进式"场景。这一场景阐述了迅速而有力地实施五个非凡的政策变革所能达到的效果。这一场景穿越世纪的驱动力不是靠修修补补，而是真正从根本上重新配置经济、能源系统和粮食系统。这是一次重大升级，一次复位重置。在全球社会陷入僵局、无法就出路达成一致前，必须重启文明指导规则。由于经济和气候的惯性，当今的行动对经济体的主要影响在未来几年、几十年是看不到的，而对气候的影响则在未来几十年甚至几百年都看不到。我们认为，如果人类真的想从当前的轨道上扭转过来，在 2050 年前走上一条通往可持续发展世

[①] 此处原文为 elephant in the room（房间里的大象），英语中的一句俚语，房间里的大象隐喻某件事、某个问题或者某一风险等虽然非常明显，却被集体视而不见，不作讨论。——译者注

第2章 探索两个场景——是"碎步迟行式",还是"阔步快进式"

界的新道路,那么现在就需要"阔步快进式"场景。这一场景将详细阐述适合"人类世"的新型经济——一种消除贫困、促进社会和环境富足发展的福利经济,并通过人类和地球的繁荣程度来衡量其进步。

"阔步快进式"场景要求政府积极主动地重塑市场,推动社会的长期愿景。我们的基本信念是,无论是个人还是市场,都无法单独做到这一点。转变我们的经济是一个共同行动问题。但如何创造条件,让政府变得更积极,特别是民主国家? 一个非常基本的条件就是信任。Earth4All 模型的两个重要特征是福利指数和社会张力指数。福利指数反映了随着时间的推移,人们生活质量的变化。社会张力指数表明了一个地区的治理能力。当社会内部的福利、信任和平等程度下降时,该指数会上升。

什么是福利?

福利经济和 Earth4All 福利指数

越来越多的经济学家、决策者、商业人士以及其他推动变革的人士,为组织经济生产和衡量社会进步,一直在开发新的框架。这种新的经济思想给我们带来了诸多概念,如关爱经济、共享经济和循环经济等。它融合了生态经济学、女权主义经济学、甜甜圈经济学和其他新的方法,研究哪些因素在保护地球，同时带来并维护了全球的繁荣。这些不仅是同一概念的近似说法；相反，它强调替代性，替换我们当前各个方面的线性、新自由主义式的、不惜一切代价的经济增长方式。

"众生的地球"倡议所设想的转型经济采纳了所有这些框架的要素，并与被称为福利经济的综合框架保持一致。福利经济联盟（Wellbeing Economic Alliance, WeAll）将这一框架描述为"一个服务于人类和地球的框架，而不是服务于经济的人类和地球。它不光是"变化财富流通的方式"，而是旨在给人们带来美好的生活。"[2] 福利经济联盟将人类福利的核心需求描述为以下五个方面：

尊　严　每个人都可以过上舒适、健康、安全和幸福的生活。

自　然　具有自我修复能力的安全的自然世界。

关联性　将归属感与公共利益服务机构联系起来。

公　平　各维度的正义为经济体系的核心，最富有者和最贫穷者之间的差距大幅缩小。

参与性　公民积极参与社区活动和当地经济建设。

将构建福利作为经济的终极目标，意味着在满足人类的需求的同时，承认"地球是有限的"这样一个生物物理现实。这一目标体现在 Earth4All 模型的主要进步衡量指标——福利指数（每年模拟福利）中。

福利指数为我们一直以GDP作为衡量经济发展的指标提供了另一个选项。长期以来，GDP已经被广泛地误认作了人类福利的代名词。研究人员发现，人均GDP在跨过某个门槛后，它的进一步增加与生活满意度的提升之间其实并没有关系。一项最新研究证实，当人均GDP超过15000美元/年时，人类需求和愿望的实现并不会随着人均GDP的增长而得以实现。[3]一个主要原因是GDP的增长通常会导致更大的环境恶果。

尽管GDP已成为一个主流的指标，但它从来不是旨在衡量一个社会整体健康状况的指标，而只是用来衡量社会活动的水平。过去几十年，将GDP增长视为单一目标，由此产生的可怕问题使人们转而关注并强调福利方面的经济措施。这些框架本质上是多元的，并考虑了当地环境、价值体系和文化传统。这些框架一致认为，衡量人类福利需要一个更广泛的概念，而不仅是收入和消费的最大化。

我们的目标不是要摒弃作为会计指标的GDP，而是要超越GDP，将福利作为社会进步的核心指针。一个可行的指标必须把人类福利和健康地球之间的相互依存关系考虑在内。人类的需求是普遍的，但如何满足这些需求取决于文化环境。[4]

因此，Earth4All福利指数建立在福利经济联盟原则的基础上，通过模型中所选的这些变量对福利进行以下量化分析。

> 尊　严　劳动者可支配收入（以千美元/人/年计算）。
> 自　然　全球气候变暖（全球表面平均温度，单位为摄氏度）。
> 关联性　"人人消费"型的政府服务，即政府是提供公共利益的机构。
> 公　平　雇主税后收入与员工税后收入的比率。
> 参　与　人们看得到的进步（优先改善福利）和劳动参与。
>
> 　　福利指数根据上面列出的变量，针对 Earth4All 模型中的 10 个区域和全球范围内的每个地区逐年进行统计，它反映了人均福利。当福利指数下降时，人们会感到痛苦和愤怒。随着时间的推移，它还会导致社会张力指数上升和更高的"革命风险"。

　　21 世纪转型经济学委员会成员理查德·威尔金森（Richard Wilkinson）和凯特·皮克特（Kate Pickett）指出：众所周知，严重的不平等和社会不稳定之间是相互关联的。[5] 在经济严重不平等且日益恶化的社会中，除非加以制止，否则最富有的人对治理机构的影响力会不成比例地上升。这会破坏人民对治理体系的信任度，并为腐败打开了大门；不平等也会导致福利下降。[6] 随着时间的推移，会导致社会张力指数上升。当该指数在较长时期内上升时，社会内部就会出现严重的两极分化。如果社会张力指数上升过多，就不能排除社会崩溃的可能。这个指数的恶化表示社会进入一个恶性循环，社会张力上升导致公众对政府的信任度下降，从而导致政治不稳定。

第2章 探索两个场景——是"碎步迟行式",还是"阔步快进式"

这反过来又导致经济停滞,福利进一步下降。政府努力想去重新获得信任,这种努力却导致政府越来越难以做出长期连贯的决策。

我们谈到的这两个场景都是适用于宏观经济层面的,将经济视为一个整体。但是对于生活在现实微观的日常生活层面的人们来说,这些宏观系统变化意味着什么呢?为了使这两个场景形象化,我们设计了4个角色,并通过每个角色构思了她们的轨迹。4个角色都是女孩,均出生于2020年8月初的某一天。舒(Shu)出生于中国的长沙市;萨米哈(Samiha)出生于孟加拉国的达卡(Dhaka);阿约托拉(Ayotola)出生于尼日利亚的拉各斯(Lagos);卡拉(Carla)出生于美国加利福尼亚州洛杉矶市北部。她们不是真实的人,更像电影《阿凡达》中的人。在此强调,4个角色都是生活在"碎步迟行式"场景和"阔步快进式"场景中的化身。我们选择4个女孩(没有男孩),以便更好地进行跨地区、跨场景比较,同时就她们的机会进行比较。

和地球上其他14亿人一样,萨米哈和阿约托拉出生于她们所在城市中残破的非正式居住点。与地球上三、四十亿人一样,她们家庭每天的生活费不到4美元。舒和卡拉的家庭经济情况更好。舒的母亲是一名教师,父亲是一名会计师。卡拉的父母为获得更高的经济收入,从美国的哥伦比亚搬到加利福尼亚。她的母亲留在家里照顾三个孩子,她的父亲在从事餐饮业。从2020年开始,我们将追踪她们的人生旅程。

1980 年至 2020 年简要回顾

这两个场景均以 1980 年以来的主要趋势为基础。在此期间,全球最大的经济体迅速地采取了一系列新自由主义政策:私有化、放松市场管制、全球化、自由贸易和减少政府公共承诺支出。在高收入国家,企业攫取了权力,工会在劳资谈判中的力量减弱。公共支出的下降削弱了经济安全。各国内部的贫富差距越来越大,不断恶化的不平等问题削弱了公众对诸多领域的政治机构的信任。

全球人口继续增长。尽管贫困人口比例下降,但绝对贫困会一直持续到 21 世纪末。尽管世界经济的增长速度(按 GDP 计算)比 20 世纪慢,但仍继续增长。

温室气体排放量陡增。2015 年,全球平均温度比工业化前上升了 1°C。这对地球来说是一个里程碑。"全新世"时期的定义是:温度稳定,在一万年内上升或下降不超过 1°C。对于在全新世边界条件下蓬勃发展的文明来说,这也是一个里程碑。

在这 40 年中,经济不平等现象持续不断扩大。新兴的数字技术颠覆了传统工业,也打破了传统工业依赖劳动力的局面。作为全球化进程的一部分,企业被廉价劳动力和宽松的监管所吸引,放弃了北半球的许多工人。大多数地区的社会张力指数持续上涨,对有效治理产生了不良影响。

对风能、太阳能和电动汽车等清洁能源技术及应用的投资逐渐

第2章 探索两个场景——是"碎步迟行式",还是"阔步快进式"

改善。到2015年左右,这些技术的成本具备了市场竞争力(在获得补贴后)。21世纪20年代,这些技术的成本和性能在那些有政策吸引力的地方,可作为化石燃料替代品参与竞争,但在其他地方仍然需要补贴。

卡拉的父母出生于美国前总统里根的任期内(1981～1989年)。他们来美国时,工会被认为是懒惰和腐败的并自私地破坏了美国的竞争力。事实上,全球化和技术创新是美国制造业萎缩的重要原因。

舒的父母出生于中国改革开放时期,当时,在邓小平的领导下,中国政府开始实施市场改革,开放贸易和投资。同时,通过制订五年计划,持续积极地调控经济增长方向。这有效地带来了40年的巨大增长,使数亿人摆脱了极端贫困。

萨米哈的父母出生于孟加拉国。阿约托拉的父母从小在非洲的尼日利亚长大。这两个国家经济增长较慢,往往依赖于国际金融机构,但却背负着新殖民主义安排和债务重担。因此,这导致它们往往无法得到建设国内制造业就业岗位和行业所需的投资。

在跨入未来之前,我们想强调,社会、生态和经济系统是动态的。驱动它们的力量是相互影响的,这可能会出人意料。同样,Earth4All模型也是动态的:不同的变量(如人口、对公共能力的投资、经济产出、能源需求或粮食生产等)是相互影响的。如果一个变量增加,其影响会波及整个模型系统,最终影响世界经济和地球的生命维持系统。这使我们能初步探索,当经济增长时全球人口可能发生的情况,这又会对粮食供应和温室气体产生何种影响,我们还可以借助"杠杆"将政策引入模型。这些杠杆旨在促进公平、信任和增强整个系统的弹性：倘若政府实施小额或大额财富税，会怎样？或者，政府在教育或技术创新上投入更多，又会如何？

场景一："碎步迟行式"场景

"碎步迟行式"场景展示了世界持续发展的潜在后果，其持续发展驱动力与1980年到2020年之间的发展驱动力相同。请参见该场景阐释部分。总体结果是，到2050年以后，全球人口增长和世界经济增长有所放缓，但劳动力参与率下降，对政府的信任度下降，生态足迹持续上涨，生物多样性损失加大。

未来几十年的区域性结果是，世界大部分地区持续贫困，富裕世界的不平等破坏稳定性。有些可持续发展目标已经实现，并且在生活在行星边界内这一方面取得了一些进展。总的来说，社会张力指数急剧上升（图2-1），这滞碍了新的解决方案的部署。经济并没有好转，而是一如既往地继续运转。尽管这一场景不会导致21世纪全球生态或气候明显崩溃，但2050年前的几十年中，社会崩溃的可能性仍在上升。这是社会分化加深和环境破坏加剧的结果。这种风险在最脆弱、治理不善且生态脆弱的经济体中表现得尤为严重。

第2章 探索两个场景——是"碎步迟行式",还是"阔步快进式"

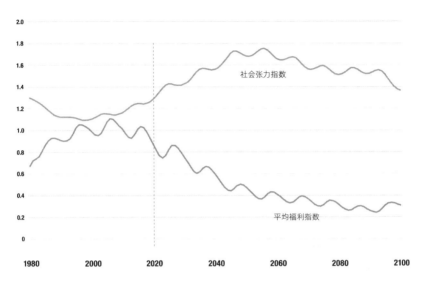

图2-1 "碎步迟行式"场景

"碎步迟行式"场景中的福利指数驱动社会张力指数:社会张力指数在平均福利指数的推动下上升,21世纪中叶将达到峰值,反映了民众对政府的不信任度上升和社会分裂的加剧。

关键的十年:2020～2030年

舒、萨米哈、阿约托拉和卡拉4个女孩出生在一个高度不确定的时代。新冠肺炎疫情席卷了世界。国家之间的合作有限。自大萧条以来,隐形的不平等水平导致很多地区民粹主义抬头,权威主义崛起。[7]

到2030年,她们4个女孩都已成长为聪明的10岁儿童。她们成长在一个动荡的世界。在中国的长沙郊区,舒的学校因全市空气污染而经常关闭。5岁时，舒患肺炎，后来得了哮喘。她的父母正在攒钱，将她转到一个"泡泡"学校，这个学校会将空气过滤。跨过整个太平洋到彼岸，卡拉的父母面临着类似的困境。干旱和野火在洛杉矶地区更加肆虐。这一年，好几个月的空气质量如此糟糕，以至于户外活动都存在风险。卡拉被教导谨慎用水，这样每个人才能有足够的水。在孟加拉国，萨米哈的父母也担心用水的问题，但原因正好相反。孟加拉国政府正耗费巨资抵御洪涝灾害。政府不得不在投资医疗或投资教育之间做出艰难的抉择。这个国家的孩子们不得不辍学，赚钱以贴补家用。每天，都有新的气候难民到达定居点，但洪水依然威胁着他们的家园。在非洲，阿约托拉所在的城市拉各斯人口急剧膨胀到2000万人，使其成为地球上最大的城市，但这里的经济机会仍然有限。她父母的梦想是移民欧洲。

在"碎步迟行式"场景中，各国已同意设定目标，以遏制气候崩溃，但政策行动力仍然太弱，远无法达到《巴黎协定》的要求。然而，借助市场的力量，能源转型开始加速，但盈利的前提是现有的补贴制度。在混合的能量结构中，可再生能源的份额在过去十年里缓慢而稳步地上升。印度和其他低收入经济体借助旧技术（如化石燃料）和新技术（如风能和太阳能），进入经济快速增长阶段。可再生能源倾向于超过化石燃料，而不是替代它们，因为能源需求急剧飙升。高收入国家承诺的气候资金从未兑现过。旧的贸易协定仍然阻碍了低收入国家获得充足的健康和绿色投资。

对可盈利的技术进行持续投资，这意味着智能机器人、互联网、3D打印机和人工智能领域的进一步革命。这导致大多数领域的工业中断。由于经济对临时工和零小时劳动合同进行了优化，中低技能劳动力失去市场。在富裕地区，传统制造业努力去克服生存挑战。新的行业出现，但它们通常位于不同的地理区域，再就业培训不受青睐。在过渡时，劳动被认为是消耗品。这迫使更多人过上经济拮据的生活。房地产价格继续上涨，因为更多的投机资本都在寻租。大城市的生活负担变得更加沉重。所有地区，包括国家，不平等问题持续恶化，因为最富有的10%的人攫取了大部分利益。

气候不公正问题表现得尤为明显，最贫穷的人们首当其冲地承受着冲击。这将催生出一些社会问题，如社会两极分化和社会张力问题。在暴力民族主义者的频繁煽动下，示威游行经常爆发。在一些国家，人们往往会出于愤怒投票，并通过经常更换党派来表达对政治的蔑视。[8]

在2030年的联合国大会上，尽管绝对贫困达到了历史最低水平，但世界未能实现可持续发展目标。高收入地区与低收入地区之间的经济差距不断扩大。全球气温水平现已比工业革命前高出1.5℃。世界继续见证猛烈上升的社会张力、致命的热浪和其他极端天气。

2030～2050年

到2050年，极端贫困跌至最低水平，尤其是国内不平等问题明显恶化。不平等问题导致超级富豪（大多拥有权力）和社会最贫穷的人之间产生裂痕。这对民主国家的稳定性造成影响，有些国家变得越发难以治理。一方面是私人财富堆积；另一方面是公众艰难度日。公共健康、教育再加上养老金计划，公共支出捉襟见肘。公共支出问题还蔓延到人口增长这一领域，因为许多地方的人们把一个更多人口的大家庭看作一个令他们老有所依的保障。

同时，能源和技术创新继续快速发展：太阳能电池板、建筑物、智能电网、电池、电动汽车等变得质优价廉。然而，在高收入地区，可持续能源和粮食系统长期系统性解决方案的部署被一再推迟或缩减。这是由社会、法律冲突和功能被弱化的政府造成的。低收入地区则缺乏如此大规模的气候前期投资资金。尽管有很多针对气候和可持续性的讨论，但循环经济的转变是缓慢而随意的。建筑业一直在用水泥和钢材（它们的生产过程是不可持续的）来修建公路、铁路、摩天大楼、港口和机场，而政府几乎没有采取任何措施来鼓励小型汽车、小型住宅以及小型冰箱和冷冻机的生产。

最终，温室气体排放量在21世纪30年代趋于稳定，并开始下降。一段时间以来，新的可再生能源发电成本一直低于煤炭、石油和天然气。但化石燃料仍用于许多行业，包括钢铁、混凝土、塑料、航运、航空和长途卡车运输。在大多数地区，随着新行业的出现，经济转型对劳动力市场产生了毁灭性的影响。有些行业收缩或消失，而一部分政府或许会选择让这些地区的劳动力自谋生路。经济的繁荣和萧条循环上演，造成深刻且不断加剧的经济焦虑。

有一些好消息。中国、印度、孟加拉国和亚洲其他地区的空气污染正在减少，因为这些地区风能和太阳能兴起，同时，电动汽车的推广普及，导致燃煤发电站关闭。这对舒和萨米哈来说是积极正

第2章 探索两个场景——是"碎步迟行式",还是"阔步快进式"

面的。由于温室气体仍在排放,尽管排放水平较低,但气温仍在持续上升。世界各地的最高气温纪录不断被打破。越来越多的人所生活的地区其户外极端温度经常超过所能承受的极限。

在饮食方面,主要转向那种促进肥胖的西方工业化饮食。这是由大型农业工业公司生产的廉价的、经过大量加工的食品所推动的。食物浪费仍然是一个主要问题。全世界红肉(红肉的生产高度依赖谷物饲养)消费量居高不下,这意味着农业部门仍然是温室气体排放和生物多样性丧失的主要源头。

21世纪30年代,非洲正缓慢走向繁荣。随着越来越多的女性进入有偿劳动力市场,21世纪40年代非洲将加速发展。最终,储蓄率提高,区域投资者会获得更多资金。但可怕的干旱和极端气候事件会导致巨大的损失。对女孩教育投资的增长速度还不足以大幅减缓人口增长。父权制社会制度继续破坏在资源分配和决策权方面的性别平等。到2050年,撒哈拉以南的非洲人口将从2020年的11亿人增加到15亿人。人均收入从未达到可接受阈值,即人均年收入15000美元。

在2050年前的几十年里,经济不稳定和中等收入陷阱加剧了世界大部分地区的社会紧张程度。除此之外,气候变化达到了临界水平,全球卫生大流行病的问题正在恶化。这一切都推动了民粹主义领袖和专制领导人的崛起。他们有可能破坏治理的稳定性和民主价值观。持续的腐败进一步降低了信任度。小国陷入永久冲突,有可能分裂成更小的国家。对淡水等共同资源的竞争加剧。在这10个区域,社会张力指数上升至红色区域,这会破坏政策的稳定性,其特点是"朝令夕改"。它使在不平等、食物、能源、健康、透明度和法律方面要做出的转变远比其他方面慢得多。

2050 年以后

2050 年，舒、萨米哈、阿约托拉和卡拉迎来了她们的 30 岁生日。舒现在是一名水文工程师，就职于中国某个供水的重大项目，保障中国的水供给。但某些地区洪水频发，而另一些地区则干旱连连。这威胁着数亿人的粮食安全和经济安全。21 世纪中叶，大规模的移民造成了住房、就业和粮食危机，并升级为冲突。卡拉是一家成功的建筑公司的办公室经理，但她决定离开酷热的南加州，北上西雅图。然而，她现在感觉火和热正追着她。她的哥哥和她有同样的工作和资历，但薪水比她高得多。她背负着六位数的学生贷款和西雅图昂贵的房租，靠工资过日子。

在孟加拉国，萨米哈有 3 个孩子，但她失去了服装厂的工作，因为达卡市逐渐被那些有能力迁往内陆的人所遗弃。萨米哈知道，不管有意还是无意，她很快将别无选择，也不得不逃离上涨的洪水。她经常想自己一年后会在哪里。阿约托拉 14 岁辍学后与一位家族世交的儿子结婚。他们生了 4 个孩子，但负担不起 4 个孩子全部上学的费用（只有一个男孩可以去上学）。阿约托拉在家里做一些针线活贴补家用，用来买鱼、肉或豆子来搭配他们的玉米面粥①。这些女性从未体验过，在一个没有极端气候的星球上生活会是什么样子。

---

① 原文此处为 ugali，一种非洲的硬质玉米面粥。——译者注

第2章 探索两个场景——是"碎步迟行式",还是"阔步快进式"

1. 主要趋势

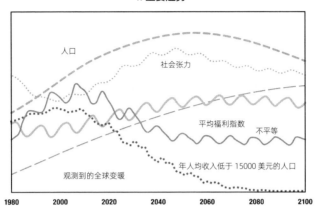

2. 人类足迹

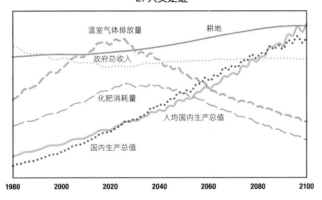

3. 物质消耗量

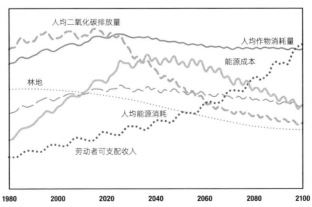

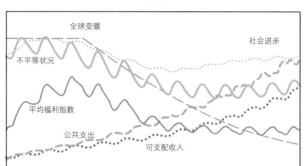

资料来源：E4Aglobal-220327，模型和数据可在earth4all.life网站上下载

**图2-2 "碎步迟行式"场景中，1980年到2100年
4个可视化时间图下的全球发展情况**

全球人口在1980年为44亿，到20世纪中叶达到88亿的峰值，然后缓慢下降。人均收入从6000美元/年到2100年的42000美元/年。整个21世纪，人均二氧化碳排放量和作物消耗量都很高，这将导致在2100年气温升高2.5℃左右，地球将进一步超出临界点。由于不平等程度的加剧和自然环境的恶化，全球平均福利指数在21世纪的大部分时间都在下降。

自2020年以来，绝大多数地区的社会张力指数持续上升。这并不是一个平稳的上升趋势，而是一波接一波不满情绪的爆发，不平等和经济周期对福利的负面影响导致了这些不满情绪。社会越发无法制定长期的弹性的解决方案来应对眼前的危机。然而，方方面面的危机不断累积，汇聚成了重大冲击。由于赤道附近的国家变得越来越热，无法居住，出现了移民。随着各地区争夺知识产权、市场份额和资源，贸易战爆发。供应链因极端事件而不稳定。政府财政越来越多地用于应对危机和突发情况，而用于长期社会和经济发展的支出越来越少。土壤质量下降，影响作物产量，造成粮食价格波动。

第2章 探索两个场景——是"碎步迟行式",还是"阔步快进式"

全球人口在2050年预计将达到90亿左右的峰值,然后在21世纪末开始下降。随着平均GDP超过10000美元,世界各地的女性都选择少生孩子(详见第九章)。基于更好的技术和更高的人均生产能力,高收入国家为大多数公民提供了更好的条件和福利,使他们的物质生活水平和消费水平不断提高。但由于社会面临着来自凝聚力下降、竞争愈发激烈、弱势群体增加的挑战,人们的幸福感正在下降。

在这个场景中,世界没有能够实现《巴黎协定》中设定的气候目标。地球在2050年左右平均气温冲破2℃的边界,2100年时达到2.5℃。[9]由于温度不断升高,地球系统很可能已经跨越了几个临界阈值,但当地球从悬崖上坠落时,并没有产生像"宇宙大爆炸"般的惊天动地。惊恐的科学家们不断报告:南极西部和格陵兰岛冰原加速融化,所有的陆地冰都消失了。亚马孙雨林的损失每年都在扩大,因为越来越多的雨林干涸,变成了大草原。野生动物消失,昆虫和鸟类加速灭绝。人们变得越来越富有,但自然界正在经历一系列的局部崩溃,一年比一年灰暗。文明已经失去了它最伟大的基础——一个稳定而有弹性的地球系统。

持续不断的极端事件已经成为新常态。地球上只有少数最年长的人记得稳定的气候。政府在适应新局面方面的投资占政府支出的很大一部分。从理论上讲,这有助于GDP增长——但福利正在下降,所以人们觉得他们"虽然在奔跑却一直停滞不前"。一些国家正在试验地球工程以保护其人口。气候状况令人深感担忧,是社会和经济动荡的主要原因。然而,气候危机仍然不太可能成为社会崩溃的主要原因——罪魁祸首可能是国内和国与国之间的不平等。自 2050 年以后，随着人类进入 21 世纪下半叶，一些社会开始解体，分裂成更小的国家，这通常是因为气候变化加速了冲突。

2080 年，卡拉每天仍旧要工作很久。她知道自己在接下来的 10 年里将负担不起退休费用。她久坐不动的生活方式，食用过度加工的食品，以及美国西海岸频发的热穹顶①，使她的健康状况受到了影响。她死于糖尿病，享年 65 岁。萨米哈住在迪纳杰普尔郊外的一个营地里。她的 3 个孩子中有 2 个死于过去 10 年席卷定居点的流行病。她的丈夫死于一次突袭。没有就业机会，食物和安全饮用水也短缺。

由于出色的洪水管理专业技能，舒现在已成为水文学界的传奇人物。她偶尔以名誉教授的身份为中国的学生开设讲座，因为她知道，在未来几年里，她所在的地区将多么需要这方面的知识和技能。她还担忧国家公共权力的下降。在拉各斯，致命的洪水每十年都变得越发频繁。阿约托拉和她的丈夫像许多其他生活在贫困中的人一样，将他们的房子遗弃在不断上涨的洪水中。人口流离失所加剧了全国的紧张局势。在过去的 10 年里，多届政府都未能安抚选民。反而助长了极端主义、宗教暴力和民粹主义政府的恐怖统治。极端天气、酷热和热带风暴在整个非洲很常见。这些极端天气会破坏农作物，导致粮食价格波动。那些有能力的人移民欧洲和美洲以寻求

---

① 英文为 Heat dome。指大气中的高压循环产生大量的热量，与两侧的低压形成一面"热穹"。高压像个罩子一样把热空气盖在热浪发生区域，同时阻止了冷空气进入，使热穹顶里的温度越来越高，从而引发热浪或超级热浪事件。——译者注

更好的生活条件。即使在最富裕的国家,经济不安全和环境冲击也是新常态。

场景二:"阔步快进式"场景

关键的十年:2020～2030年

舒、萨米哈、阿约托拉和卡拉,这4个女孩于2020年的同一天出生。当时正处于前所未有的转变之初。21世纪20年代初,各国同意开始改革世界银行、国际货币基金组织和世界贸易组织等国际机构。这些组织的任务大幅转变,以支持气候、可持续性和福利方面的绿色转型投资,而不仅限于狭义的经济增长和金融稳定。到21世纪20年代末,这些变化极大地扩张了发展中国家的财政来源,并改善了可再生能源和绿色产业的投资机会。最重要的是,这些变化使有能力的积极的政府可通过对教育、卫生和基础设施的投资来提高人民的福利。到2030年,这些指数型技术,如太阳能、风能、电池和电动汽车等,将推动化石能源份额急剧下降。新的发展模式和贸易模式取代了功能失调的现行体系,该体系曾造成了国与国之间不平等的历史根源(详见第三章)。

经济不平等被广泛地认为是极严重的两极分化,是对政治稳定和人类进步的威胁。芬兰、冰岛和新西兰转向"福利经济"之后,其他国家也纷纷效仿。所有地区的态度都发生了很大的转变，支持这一原则——占人口10%的最富有者的收入不应超过国民收入的40%。就是基于这一认知，即无论富裕与否，更公平的社会比不公平的社会运转得更好，不同的地区会采取不同的政策组合。累进所得税确保最富有的人税收贡献更多。随着避税天堂的关闭，所有地区都引入了财产税，以解决失控的财富不平等问题。国际公司税（于2021年达成协议，为再分配和投资提供了额外收入）每五年调整和协调一次。对科学和研究的公共投资也会得到回报。例如，通过承认知识产权和公众共有股份来得到回报。

这些新收入来源使政府能够扩大失业救济（在经济转型时期至关重要）和养老金计划，尤其是女性。随着教育、就业培训和健康投资的大幅增加，性别平等也得以改善。

更多国家，特别是在重大动荡期（如新冠肺炎疫情期间）采取全民基本收入（Universal Basic Income）政策，以对抗不平等问题，然后定期转变政策。某些行业收缩而另一些行业增长，这给了人们再培训的经济自由。作为地球上的公民，更多的人觉得他们应该公平地在经济上从世界性的福利中分享财富：Earth for All！

这一原则演变为公民基金，以支付全民基本红利，各个行业为使用公共资源（如土地使用或所有权、金融资产、知识产权、化石燃料、污染权和可被视为社会所有人共同拥有的其他材料的资源开采）支付费用，并将其转化为公民基金。然后，这些收入被平均分配给一个国家的所有公民。21世纪转型经济学委员会成员肯·韦伯斯特（Ken Webster）写道："红利"一词反映了越来越多的公民

第2章 探索两个场景——是"碎步迟行式",还是"阔步快进式"

认为自己和他人一样,生而拥有作为地球共同居民和地球共同所有者的基本人权。这种基本人权也应伴随着某些共享的权利和共担的义务。[10]

所有国家都同意,21世纪实现温室气体净零排放。煤电用量正朝着零的方向自由下落。最富有的国家承诺,2050年或更早实现净零排放。中国和印度承诺2060年实现净零排放。各国还致力于加强饮食变化和再生农业实践,以改善人民健康和土壤的健康。到2030年,全球范围内停止扩大农业用地。因此,森林砍伐已经停止,各地都在适当地重新造林。

舒、萨米哈、阿约托拉和卡拉现在都是10岁的爱玩的孩子。她们在一个快速转变的世界中成长。她们仍然需要应对空气污染、酷热、洪水和火灾。快10岁的时候,萨米哈和阿约托拉已经搬进了新公寓。公寓附近有学校和医院。阿约托拉数学成绩优异。作为全民基本红利的一部分,卡拉的父母每年会收到1000～2000美元的支票,这笔钱可以自由支配。他们把钱存起来供卡拉上学用。在中国长沙,政府鼓励电动自行车、公共交通、电动汽车等使用可再生能源的交通工具,快速淘汰化石燃料。因此,在舒的学校周围,污染正在减少。

2030～2050年

随着亚洲、非洲和拉丁美洲的快速发展,世界在21世纪30年代初结束了极端贫困(不到2%的人每天靠1.9美元生活)。这些国家经济增长的一个重要基础是清洁、绿色能源的使用（详见第七章）。肯尼亚作家恩古吉·瓦·西翁戈（Ngũgĩ wa Thiong'o）曾说过，振兴教育系统，促进当地知识、文化、经验和语言的发展，"使思维非殖民化"，进而产生批判性思维和复杂的系统思维。[11]

如今，大多数国家都采取公平的财富再分配政策，并迅速推广这一政策。到2050年，占人口10%的最富有者的收入占所有地区国民收入将不到40%。在美国，卡拉一家每年从公民基金获得约2万美元的全民基本红利。该基金的资金来源于顶级财富持有者、房地产那些因使用自然资源和公共资源（如社交媒体数据的使用）而缴纳费用的公司。这意味着她的家人能吃得起更健康的食物，获得更好的医疗保障，还可为教育、爱好和旅行储蓄。

各国可支配收入的不平等最终在全世界范围内下降。结果就是，信任正在被构建。各国政府能更有效地执行能源、农业、卫生和教育方面的长期政策。人口寿命在全球范围内延长。由于出生率下降，人口增长急剧放缓，人口在2050年左右达到峰值，数量比"碎步迟行式"场景中的峰值小。

世界各地，人们的饮食都更健康，少吃红肉（谷物喂养牲畜生产），多吃瓜果、蔬菜、坚果和谷物。通过更好的物流、智能应用和包装，整个食物链上的食物损失和浪费都会减少。到2050年，大部分农场都使用可再生技术和（或）可持续强化技术。由于大规模的公私合作，在以前退化的土地上，树木开始重新生长，阻止了世界森林面积的下降。

根据《巴黎协定》，温室气体排放量将在21世纪三、四十年代急剧下降。到 21 世纪中叶，平均气温上升幅度可能控制在远低于 2°C 的范围。各国仍必须应对气候混乱、极端高温、山火和海平面迅速上升这些问题，但治理体系在应对这些冲击时更有弹性。

2050 年以后

人口峰值接近 85 亿。自 21 世纪中叶起，人口开始下降，到 2100 年人口下降到 60 亿左右，与 2000 年的人口水平相当。加之可再生能源、再生农业和更健康饮食的推广，尤其是在最富有的 10% 人群中，减少了消费和物质足迹，减轻了自然资源稀缺带来的巨大压力。到 2050 年，温室气体排放量比 2020 年减少了约 90%，而且还在继续下降。工业过程中所有剩余的大气温室气体排放现在都通过碳捕获和碳储存来清除。随着 21 世纪的发展，碳的捕获量将大于排放量，全球气温有望恢复到比工业化前高 1.5°C 左右。人们越发期待全球生物多样性再次繁荣。

舒、萨米哈、阿约托拉和卡拉现在 30 岁。她们都已完成大学学业，并处于职业生涯的早期。她们不希望一生只从事一种职业。相反，她们看到在不同行业从事多种职业的机会。她们会在需要或想要的时候，积极地进行再就业培训。每个月，她们都会收到一份全民基本红利。这提供了一定程度的经济保障，允许她们承担更多风险。

多亏政府的搬迁计划和全民基本红利，阿约托拉和她的父母得以从正在遭受洪水和水位上涨威胁的拉各斯搬走。阿约托拉是一名会计，专门研究幸福指数，并决定只要一个孩子。在西雅图，卡拉接受培训，成为一名建筑师，为社区住房部门设计被动式住宅①。

现在，萨米哈是一名食品工程师，正在开发耐盐谷物以提高产量。闲暇时，她去社区中心辅导孩子。舒选择不生孩子，将时间花在社交上，忙于营销和管理数量庞大的共享电动汽车车队。洪水和风暴虽频发，但已采取措施减轻其影响——在战略位置种植树木，新的郊区和污水处理系统的建设使城市变得宜居。

这些女性都没有经历过像 20 世纪那样的稳定气候。极端天气事件频发，却并没有摧毁整个城市或国家。政府仍能很好地应对极端天气，因为政府正在为未来投资。

社会张力指数于 21 世纪 20 年代达到峰值，之后该指数处于有记录以来的最低点。随着福利水平的提高，公民对政府重新建立了信任，这反过来又使教育和全民医疗保障的有效支出得以实现。作为回馈，这些因素会带来更高的福利和信任度。良性循环不断自我强化。健康饮食已是常态。全民医疗服务面向所有人。这导致社会日益繁荣，能够抵御各种冲击。

与"碎步迟行式"场景相比，"阔步快进式"场景在实现可持续发展目标方面提供了更多的信息，它在实现这一点的同时，将世界带回了"行星边界"之内。世界远非乌托邦，冲突仍在爆发，气候破坏仍造成冲击，地球的长期稳定仍极不确定。然而很多痛苦和苦难都被最小化了。极端贫困几乎已消除，气候变化的失控风险也在降低。

---

① 基于被动式设计而建造的节能建筑物。用极低的耗能将室内调节到合适的温度，有利于环境保护。由联合国环境规划署于 2008 年 10 月首次提出。——译者注

第2章 探索两个场景——是"碎步迟行式",还是"阔步快进式"

1. 主要趋势

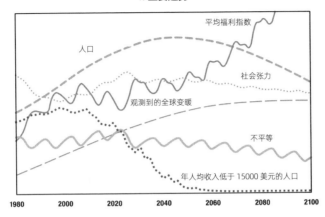

2. 人类足迹

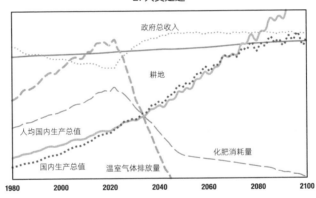

3. 物质消耗量

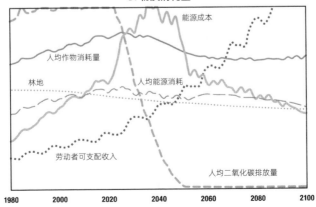

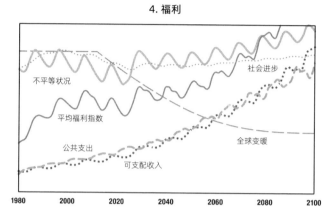

资料来源：E4A-global-220501，模型和数据可在earth4all.life网站上下载

**图2-3 "阔步快进式"场景中，1980年到2100年
4个可视化时间图下的全球发展情况**

全球人口在1980年为44亿，到20世纪中叶达到85亿的峰值，然后缓慢下降，在2100年降到60亿左右。2050年的人均收入将比"碎步迟行式"场景中的高出13%，到2100年将高出21%左右。值得一提的是，到2050年，人均二氧化碳排放量为零。全球平均福利指数在2020年初会下降，但在本世纪随后的时间里会大幅改善，并取得长远的进展。

2100年，舒、萨米哈、卡拉和阿约托拉庆祝她们的80大寿。她们还回想起当年的多事之秋。舒回顾了她们如何解决中国的河流污染问题，她仍然对此感到惊讶——河豚在长沙的水域里繁衍生息。萨米哈的退休金源自国家养老金计划和全民基本红利，她正在写一部带有自传体元素的孟加拉国妇女权利史。卡拉住在自己设计的被动式住宅中。阿约托拉在托管额高达数万亿的尼日利亚公民基金的顾问委员会任职。

第2章 探索两个场景——是"碎步迟行式",还是"阔步快进式"

我们共同创造哪个场景

现在,我们已经勾勒出两个主要场景。我们来看看实现"阔步快进式"场景所需的5个非凡变革。为什么人们和政客要努力实现这些目标?如何实现这些目标?我们依次介绍这5个非凡的变革:贫困、不平等、赋予妇女权力、粮食和能源。换言之,解决贫困问题会使走向不平等的进程加速,而解决贫困和不平等这两个问题则有助于加快妇女赋权、粮食和能源方面的变革。

我们之所以从贫困问题着手,原因在于全球贫困仍然是人类今天面临的最严重的问题之一。它对世界上大多数国家来说都具有最重要的意义。今天,数十亿人的收入无法负担体面的生活。世界上最贫穷的人往往营养不良,受教育的机会渺茫,晚上常常缺乏照明(这是受教育的一个重大障碍),健康状况可能会更差。他们在公开辩论中也缺少发言权。为了提高世界大部分地区人们的生活质量,我们能否比过去几十年更快地改变这一巨大问题?如果能——具体如何改变?

Earth4All 模型到底有多好

当我们回顾 1972 年《增长的极限》中提出的 12 个场景中的某些场景时，我们可以看到它们以惊人的准确性追踪了过去 50 年中实际发生且意义重大的全球轨迹。我们当然希望 Earth4All 模型也能取得同样的成功，因为在过去的 50 年里，人们对于数据的获取和破译有了巨大的进步。然而，目前仍有许多理由表明我们需要谨言慎行。

像所有其他模拟一样，Earth4All 模型并不能真正预测未来。该模型只能告诉人们模型中的假设会产生什么样的结果。当然，我们希望我们已经以正确的形式提出了最重要的假设，但是 Earth4All 模型仍然只能做到对现实世界的一个粗略简化。

因此，虽然我们相信该模型能够探索重要的系统变量的趋势，如生育率、经济增长、人口、福利和气候变化，但我们一再重申，该模型无法准确预测未来事件的时间和绝对值。该模型在人们思考如何确保一致方面是最行之有效的，例如：公共服务和经济发展会如何影响人口和气候。另外，该模型还能使我们明白政策的相对效果，例如：与另一个场景相比，在这一场景中贫困的消除速度有多快（与"碎步迟行式"场景相比，"阔步快进式"场景中贫困的消除时间提前了整一代人），或者社会张力指数在每个场景中是如何演变的（在"阔步快进式"

场景中呈下降趋势，而在"碎步迟行式"场景中呈上升趋势）。

在解释该模型的演算结果时，我们还需注意其他因素。世界正在进入一个不那么稳定，因此不那么可以预测的未来。地缘政治紧张的局势正在上升，各国正在质疑全球化的好处，我们看到曾经强大的民主国家开始衰落。在气候方面，我们已经进入了完全未知的领域，跨过了比工业化前的温度还高出1℃的门槛。在人类文明的整个一万年期间，地球都没有这么热过。我们可能会在21世纪跨越更多的门槛，这取决于我们未来10年所做出的决定。在这期间，粮食和能源生产量将超过地球上所见的任何东西，这将对地球生物圈产生巨大的影响，却也无疑会带来许多的惊喜。社会将如何适应拥挤、特大干旱和极端洪水？人们将如何应对高昂的能源成本和多个粮仓的储存问题？

我们的场景显示全球许多地区将面临相当毁灭性的后果，但即便如此，考虑到不确定性，我们也不能排除我们设想的过于乐观。如果有人觉得有必要，该模型可以很容易地产生更多阴郁且悲观的场景。但我们的团队却没有这样做，我们选择把重点放在"阔步快进式"场景上，它通过增强社会凝聚力来提高抵御冲击的能力，并表明了一种可能的前进方向，从而提高人们的福利水平，而不是导致社会的崩塌。

3

向贫困诀别

想象一下这样的场景：眼前稻田干涸、土地龟裂，一名印度妇女感到心如死灰。作为农民的她再次遭受干旱袭击，这次情况比上一次更加严峻。由于一家国际农业公司的压价，她被迫以过低价格出售她的稻米，稻米收割本身就要付出很多努力，她的收入被迫大幅削减。

现在她买不起新的耐旱水稻种子。紧缩措施下，邦政府和联邦政府并不能帮到她。所有额外的国家资金都用来偿还上次经济危机期间承担的债务。

气候变化、贫困和各种制度的失败使她和她的邻居们陷入绝望。没有种子，农民现在该怎么办？

所有低收入国家都希望实现繁荣和可持续发展，但它们能否避开发达国家的战略陷阱，实现更公平、更清洁的发展方式转型呢？

我们基于历史案例进行了一些前瞻性的分析，这些分析表明，兼顾公平、清洁以及快速的经济增长是可行的，但需要一种新的经济模式。在目前的国际结构下，这些国家的政策选择受到了严重限制，必须加以扩大。这需要对当前的全球金融体系、贸易协定和技术共享机制进行改革。至关重要的是，迫切需要消除对中低收入国家的限制，以应对气候变化和贫困的双重挑战。如果不采取紧急行动，就很难既实现经济繁荣，又保证减少碳排放或采用绿色技术。

目前，大气中的碳排放量之高是过去 150 年来高收入国家快速工业化带来的副产品。然而，低收入国家，或者说世界上大多数国家，现在不得不应对这一后果。这些国家严重缺乏资源和技术。 然而，地理位置让它们更容易受到气候紧急情况的影响。

我们也知道，72% 的全球资源是由 10 亿最富有的人消费的，而最贫穷的 12 亿人（其中绝大多数居住在世界上大部分地区）的消费仅占 1%。因此，全球最富有的社会正在消耗最多的自然资源，同时承担最小的后果，这极其不公平。[1] 高收入国家应该向低收入经济体提供一切可能的支持，需要承担相关道义上的责任并推动历史前进。这将构成气候正义的核心原则。一项新的研究表明，数亿人每天生活费不足 1.9 美元，帮助他们摆脱"极端贫困"后会使全球排放量增加低于 1%。增加量可能会在其他地方抵消。[2]

贫困与气候变化不是只存在于低收入国家。研究表明："卡特里娜"飓风[3] 等极端天气会对美国贫困和少数族裔社区产生尤为严重的影响。下一章将聚焦国家内部的不平等。本章讨论国家之间的不平等，贫穷国家面临的挑战和可行的解决方案。

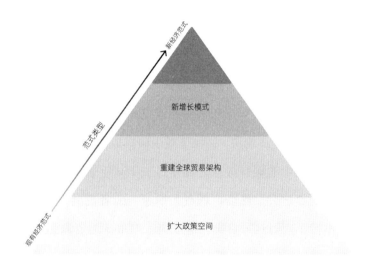

图 3-1 贫困变革

政策空间的急构成了这种变革的基础。全球金融、贸易、技术共享日新月异，将催生一种新经济模式，使低收入国家能够实现绿色、公平的增长，迅速减少贫困。

当前问题是什么

在过去的 50 年里，极端贫困人口急剧减少，但是世界上仍有近一半的人生活在贫困之中，每天的生活费不足 4 美元。新冠肺炎疫情暴发前，为实现可持续发展目标之一消除极端贫困等，要求低收入国家以平均每年 6% 的速度实现经济增长，而最底层的 40 个国家的消费（或收入）增长需要比平均速度快 2%。然而，据估计，新冠肺炎疫情使消除贫困的进展倒退了六、七年。对新冠肺炎疫情的新经济估计表明，如果经济发展恢复"一切照旧"，到 2030 年将有多达 6 亿人生活在极端贫困中。[4] 雪上加霜的是，当前的经济体系让低收入和中等收入国家必须在解决贫困和应对气候变化之间做出选择。

问题 1：策略空间缩小

全球经济体系严重限制了各国政府应对贫困和全球变暖所采取行动的政策空间。沉重的债务需要偿还，这限制和阻碍了资金自由流动。通过国际货币基金组织或世界银行等机构，富裕国家对低收入国家的财政施加强有力的控制，并从低收入国家榨取巨额利息，让它们只有限的资金在本国投资。而且，外国投资者获得的资本（包括人力和自然资本）往往比他们投入的资本要多。最终，旨在减少贫困的政策要么失败要么只会加剧贫困。

低收入国家缺乏投资关键发展项目或基础设施的资金（和储蓄），如电网、供水、公路、铁路和医院等。更多此类投资可以刺激健康的增长模式。发展领导力研究所创始人兼首席执行官马斯·洛（Masse Lô）指出，缺乏这样的基础设施，尤其是电力，导致非洲国家每年损失 3%～4% 的经济增长。[5]

外国投资被许多低收入国家奉为关键解决方案，但当前的全球体系鼓励由市场而非政府向这些国家分配必要的资金。雪上加霜的是，这些资金是外币，金融资源稀缺的情况下还要被用于偿还日益增长的债务。这些资金包括来自其他国家或跨国公司的资金。

外国资本对许多国家的经济发展、增长或福利影响不大或者很小。[6]此外，外国资本时常取代（或排挤）国内投资，或增加温室气体排放，造成污染。[7]自由融资在本质上是寻求快速获利，不太可能投资解决一个国家的发展需求或清洁能源能力的长期项目。投资这些方面必须是有目的性的、可商榷的、具有战略高度的——国内经济政策更有可能实现这些目标。

对于一些低收入国家而言，由于大部分可用资源被用于支付债务和利息，全球结构的可操作性下降更加严重。世界银行数据显示，2020年，中低收入国家债务增至8.7万亿美元。其中，世界上低收入国家的债务负担增加了12%，达到8600亿美元，创历史新高。其中大部分与新冠肺炎疫情有关。[8]

经济学家理查德·沃尔夫（Richard Wolff）认为，34个最贫穷的国家现在支付的债务（主要是对富裕国家）远远超过其在应对气候危机上的支出。同样，新冠肺炎疫情时的医疗保健支出也受到影响。由于许多低收入国家的债务负担猛增，其经济增长也停滞不前。其他国家在坚守多边机构的传统建议时，债务负担可能会保持非常低，但它们只能通过限制福利计划或大型资本密集型绿色投资的支出来实现。

问题2：破坏性的贸易架构

全球贸易的扩大会自然而然地引起人们对商品和服务的生产、运输和消费的各个阶段排放二氧化碳量的担忧。自由贸易模式的支持者认为，当前的全球贸易架构在适当的情况下与贫困和气候目标兼容。[9]只要将贸易转向支持清洁生产的国家，并以此来激励污染国采用技术解决方案。

然而，只有在高收入国家承认在阻止此类行动发生的结构性障碍时，这种情况才会发生。实际上，当前的全球贸易架构阻碍了同时解决气候和贫困问题的转变。

高收入国家将其生产外包给低收入国家，这样便可从降低成本中受益，而低收入国家则从增加其许多工人的就业和工资中受益。[10]但外包给低收入国家带来了严重的污染和更多的二氧化碳排放。然而，本书作者之一贾亚蒂·戈什（Jayati Ghosh）和其研究团队指出，在分配责任时，当前确定碳排放的标准方法是基于国家边界内的排放，并没有对消费排放追责。[11]

这一过程导致高收入国家能够利用跨境贸易有效地将排放"出口"到生产国。生产国现在的任务是清理这些出口排放物，但仍旧面临激烈的全球竞争。然而，当各国试图通过国家法规、保护主义措施或控制可回收废物的进口进行清理时，就会因反对自由贸易而受到不公平的批评，而且时常被告上法庭。

基于消费的排放和基于生产的排放之间的区别并不明确，这不仅使高收入国家能够绕过责任，而且还将潜在关税负担转嫁给低收入国家，同时没有向低收入国家提供知识（技术或财政资源）来衡量和控制排放。

问题 3：获取技术的障碍

从先进材料到可再生能源，新技术是解决全球变暖的关键。实际上，每种气候响应模型都设想，现有和未来的技术形式在减少排放和减缓环境退化方面发挥一定作用。不幸的是，这种绿色技术大部分是无法获得的。这不是因为技术上不可行，而是因为技术转让框架并不允许低收入国家使用这些绿色技术。

从限制性的知识产权法到昂贵的硬通货使用权，低收入国家无法使用这些技术，尤其是对急需此类技术来进行绿色发展、为穷人提供疫苗或减少开支的国家和地区。那些已经被限制了金融政策空间的有需要的国家将进一步受到挤压，要么被迫接受不良使用条款，要么放弃使用此类技术。

扭转贫困：应对挑战

我们的第一个变革旨在使 30 亿至 40 亿人摆脱贫困（图 3-2）。升级和重启失败的经济体系，同时兼顾增长质量和数量，这将使低收入国家在 2050 年前达到至少 15000 美元/人（或人均日收入 30～40 美元）的水平。基于这个水平，这些低收入国家可以为所有公民实现大部分的社会可持续发展目标，如食品、健康、教育和清洁水。这种变革旨在面向未来的低收入经济体，为低收入国家打造专注于福祉的经济，而相互联系的能源和食品方向的变革会在全球范围内实现。

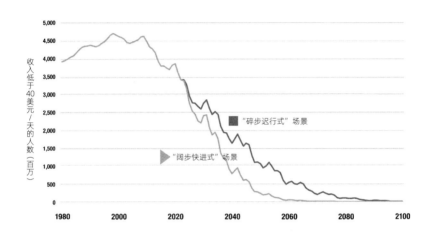

图 3-2 贫困的终结

该图显示有多少人生活在人均日收入低于 40 美元（每年 15000 美元）的社会中。在"阔步快进式"场景中，2050 年之后不久这种情况就会消失，而在"碎步迟行式"场景下，这不会在 21 世纪内发生。

随着国家变得更加富裕，人均国内生产总值增长率首先达到每年 6%～7% 的峰值，然后开始下降（图 3-3）。当低收入国家从曲线的左侧移动到峰值右侧时，就告别了贫困。要想使这种情况发生，发展中国家需要获得采取行动所需的政策空间，并具备必要的资金和技术以及公正可行的条件。

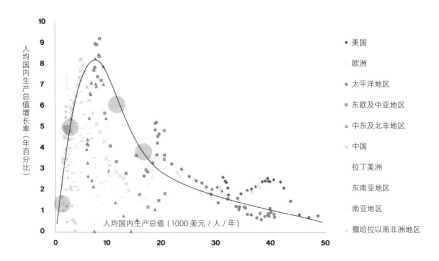

数据来源：佩恩世界表 10 和联合国人口司

图 3-3　贫困转变

世界上主要的国家和区域的经济发展都遵循着类似的模式：首先，人均 GDP 增长率上升至 6%~8%，然后下降到 1%~3%。上图的点表示 1980 年至 2020 年的这些区域中 10 年的平均增长率。大圆圈显示了南亚区域如何在 2050 年从贫困转向中等收入水平。

解决方案 1：扩大政策空间，应对债务

建设高效的基础设施在很大程度上依赖于前期投资。如果这些国家的政府不采取积极的措施，迅速实现资源调动的可能性极小。财政政策（政府能够进行支出的选择和方法）可以成为产生所需投资的有效工具。动员这些投资需要增加公共投资，并改变法规和激励措施，以确保私人投资也符合这些目标。有不同的方法来帮助公共投资融资，以下都是可行的选择：对富人和大公司增税、赤字融资、创造性地利用中央银行和开发银行等。

然而，尽管这些扩大政策空间的方法原则上适用于低收入国家，但实际上，更大的国际金融架构严重阻碍了低收入国家的发展。要扭转这一局面，第一步将是减免低收入国家债务，因为低收入国家需要为气候应对措施预备更多资金。另外，在提高企业税方面需要加强全球协调，这将有助于基于税收的政策选择有限的较小国家减轻压力。

鉴于挑战的全球性，就"全球绿色新政"[①]进行合作可能是一项可行措施，这将使我们的生产系统转向更绿色的道路，并在全球创造数百万个高薪工作岗位，以减少贫困。

最后，高收入国家可以利用其国内监管能力来监管或以其他方式限制跨国公司投资低收入国家的棕色产业（高污染或碳密集型行业），转而将其投资导向绿色产业（碳密集度较低或支持向可持续经济过渡的产业）。当大型企业集团想投资污染行业时，寻求发展经济的低收入国家别无选择，因此高收入国家的政府必须承担起更大责任来监管本国公司。

解决方案 2：改革金融架构

债务就像陡峭山坡上的积雪，极小的诱因都可能导致雪崩。低收入国家依赖外国资本作为储备时，考虑到国际经济中的流动性，资本外逃所带来的危害更大。当资金迅速流出一个国家时，低收入

---

① 指全球范围内以应对气候变化向低碳经济转型为核心的绿色发展规划，试图通过绿色经济和绿色新政，在新一轮经济发展进程中促进经济转型，实现自身的可持续发展。——译者注

经济体无力支付关键的进口商品。当国家债务水平较高时，资本外逃不仅会减少储备，还会削弱本国货币，增加现有债务和利息支付。资本缺乏流动性，债台高筑，这都会使低收入国家经济陷入瘫痪，使它们无法产生任何积极的投资，并降低其在气候应对措施上的支出能力。

在新冠肺炎疫情期间，一些国家（如美国）享有的特权让人难以置信。他们能够通过政府贷款和"量化宽松"向其陷入困境的经济体注入数万亿美元现金。其他国家能否采用类似的解决方案呢？理论上任何拥有自己货币的国家都可以，但在实际操作中更棘手。然而，自1969年以来，国际货币基金组织已被授权通过"特别提款权"（SDR）以一国货币放贷。"特别提款权"是一种国际储备资产（其作用类似于货币），为维持对一个国家及其货币体系的信心提供支持。然而，特别提款权一直非常有限。

2021年，有6500亿美元的特别提款权被分配给国际货币基金组织成员国使用。不幸的是，国际货币基金组织的配额制意味着特别提款权的发放主要是基于GDP进行，因此其中4000亿美元流向了富裕国家，而它们可能不太需要这笔资金。即使有这种不完善的规定，这笔拨款也帮助了几个在国际收支问题上苦苦挣扎的低收入国家。值得注意的是，特别提款权不会增加国家的债务负担并且是无条件的。因此，我们有足够的空间更有效地使用"特别提款权"——确保向低收入国家提供更多的"特别提款权"，探索更频繁分配"特别提款权"的选择，使用"特别提款权"作为形成气候融资信托的基础，以及将"特别提款权"输送给区域开发银行以支持与气候相关的投资。[12] 在中期内,整个外币债务和贸易体系需要彻底转型,以解放世界上大多数地区的低收入国家行使其以本国货币印制和使用货币的主权权利,进而更加公平地运作全球系统。

另一个有潜力的解决方案是建立一个新的多边机构:国际通货基金(International Currency Fund, ICF),以建立双向货币市场,特别是在目前不存在私人市场的较长期限内的情况下。作为"特别提款权"的补充,ICF可以通过寻找并充当投资者、借款人、捐助者、企业和外汇汇款人的对手方,以抵消货币风险(以其他国家货币进行投资时发生的风险),从而改善金融市场的运作方式。其作为优惠债权人的多边待遇将减少交易所需的抵押品,并使其能够提供更多有助于当地市场发展、增加流动性并吸引私人投资者将货币风险作为资产类别的产品。与更多抵消风险的机会一起,将提高资本效率,使其能够为每1美元的资本提供10美元的对冲能力。为此,它将需要大约250亿美元的资本,其中只需预先支付50亿美元即可启动。

解决方案3:改革全球贸易

改革指导全球贸易的体系需要几个重要步骤,以解决影响低收入经济体的障碍。

最根本的需要是重新考虑如何在贸易协定中解释二氧化碳排放量——最重要的是,二氧化碳排放量的计算和随之而来的政策控制需要区分商品和服务的生产和消费。这意味着不仅要查看一个国家境内的总排放量,还要确定来源——无论是来自商品的消费还是商品的生产——并在税收和监管方面对它们进行不同处理。这将确保历史上在气候变化中产生最小影响的国家不会因为寻求与其他国家相同的增长成果而受到不公平的惩罚。同样，简单地寻求将二氧化碳排放外包的国家也无法得逞。这也会在需要约束的地方限制材料足迹。

类似地，有必要通过限制进口恢复"幼稚产业模式"的概念——保护一个国家的新兴产业免受全球竞争的影响。这种模式在帮助韩国和中国等经济体摆脱中等收入陷阱方面非常成功。各国在认识到有必要保护绿色产业免于与大型国际企业过早竞争这一点后，更有可能发展长期可持续的本地绿色投资。

最后，需要重新考虑区域贸易的作用。你永远不会看到一个轻量级的拳击手被迫与一个重量级的拳击手竞争。同样，促进和保护低收入国家之间的贸易也很有意义。此外，鼓励区域生产和需求的匹配有助于缩短供应链，增强新兴行业的韧性，并有助于确保新的绿色市场有时间成长。

解决方案 4：改善技术准入——跨越式发展

同样必须克服阻碍低收入国家获得应对气候变化和贫困的技术解决方案的障碍。值得庆幸的是，在短期和中长期都有许多可用的措施。

在短期内，需要使用现有的知识产权制度来强制获取技术。与知识产权有关的国际条约最初旨在要求知识产权持有者向他人提供访问权。世界贸易组织（WTO）的《与贸易有关的知识产权协定》（TRIPs）就是一个例子。不过，随着时间的推移，世界贸易组织针对中低收入国家的判例法严重削弱了这些条款。扩大和加强访问权以应对气候变化可以极大地加快技术转让的进程。同样，需要考虑低收入国家需要但无法获得的绿色和卫生技术，放弃与贸易有关的知识产权，即给予国内知识产权法免受世贸组织法律挑战的豁免权。

更进一步，此类技术的起源国可以立法、激励或以其他方式迫使企业与低收入国家的公司或政府签订协议。有些公司在假模假样地使用条约来避免实质性技术转让。[13] 技术起源国政府比低收入国家更有能力监管或强制多边公司作为，因此必须承担更大的责任。

最后，迫切需要彻底改革整个知识产权制度，支持以更负责任的方式使用专利。选择性地申请专利可以作为一种短期的、有针对性的投资激励措施，但当前的制度强烈鼓励仅为了获得许可和其他形式的收入而持有长期专利。战略性转向有利于实现创新的系统，并有助于确保随着新技术的开发，这些技术可以更容易地被部署到需要它们的国家。

实施解决方案所面临的障碍

如果解决方案如此明确，那么是什么让低收入国家退步？许多提议的解决方案非常激进，预计会遇到严重的实施障碍——惯性和路径依赖，依赖于几十年甚至几个世纪前选择的系统，确保当前的金融体系非常有利于维持现状。从普遍的自由市场增长模式到当代政策中出现的严重反监管偏见，存在着阻碍进展的主要障碍。

多边机构

为了让低收入国家吸引金融资本，国际货币基金组织和世界银行等多边机构已经推动它们进行了几项"纪律"或"宏观审慎"改革。这些改革的目标是确保在解决贫困等问题时尽可能少地进行国家干预。它们迫使各州限制举债为福利项目融资的能力，限制资本流动，甚至提高税收。不采取此类改革或背离改革的国家，将被国际信用评级机构降级，并被视为高风险的投资目的地。

这些信用评级确实是政府在危机期间能够在多大程度上帮助其公民的一个重要的决定性因素。最近的一篇研究论文表明，信用评级与国家在新冠肺炎疫情期间能够提供的财政救济的规模和及时性相关。[14] 低收入国家的政府对失去信用评分极为警惕，因为降级可能导致资本外逃或资金流出该国，从而导致金融和宏观经济危机。为了保持评级，它们甚至采取严厉的紧缩措施。任何改革或偏离这一体系的尝试都会遭到国际货币基金组织和世界银行等组织的严重怀疑。

腐败

在考虑低收入国家可用的政策选择时，人们普遍关注的是，必须先解决腐败问题，无论是感知到的还是实际的，然后高收入国家及其公司才能合理和可靠地进行投资。当然，对机构运作方式的担忧可能会成为任何系统性改革的障碍。然而，另一项重要的考虑是，这些公司本身也无法保证能够清除反腐败的障碍。例如，在南非，宗多委员会（Zondo Commission）针对欺诈指控的报告详细描述了跨国公司在发起和助长该国大规模腐败方面的作用。[15] 寻求成本最小化的公司可能会发现，利用法律制度的漏洞更为容易，但由此也可能招致更大的障碍。

仲裁和诉讼

当前的法律框架严重偏向高收入国家和跨国公司。印度等国在寻求扩大太阳能电池板生产时，面临着WTO的法律制裁。同样，像孟山都这样的大公司也积极利用这一法律体系，以种子相关专利侵权的问题来追究中低收入国家的农民。"保护这样一个系统对于鼓励私人参与者的创新和投资是必要的。"——这种论点忽视了这样一个现实，即该政权最终将那些需要技术从污染实践中转移出来的国家和团体拒之门外，然后要么放弃技术变革，要么从其他领域转移急需的资金。对于规模较大的私营企业而言，这通常是在各自政府的支持下完成的。最终结果是降低低收入国家创造绿色就业和建设绿色生产的能力。

结论：贫困的转变

我们为在低收入国家实现转型提供了 4 项基本行动：一是扩大政策空间；二是改革金融架构；三是重建全球贸易架构；四是完善技术转让制度。这些不是唯一需要采取的行动，但它们肯定是确保怀着解决气候问题的意识在消除贫困方面取得进展的必要条件。

这 10 年席卷全球的能源和粮食变革是百年一遇的转型机遇，而如此全面的改革所带来的经济机遇对低收入国家来说是巨大的。这些经济体可以跨越过时的技术，它们能避免令人震惊的污染，这可以帮助我们摆脱历史上全球不平等的一些遗留问题。

这种转变的规模不容小觑。为了在 2030 年实现可持续发展目标，必须在这 10 年促进低收入国家每年 4% ～ 5% 的经济增长。但在过去 10 年中，许多低收入国家的经济增长停滞不前。新冠肺炎疫情进一步削弱了这些脆弱的经济体，适应气候变化正开始消耗低收入国家的稀缺资源。这是紧急情况之一。

第一个变革的焦点是低收入国家，诚然，许多解决方案也将适用于中等收入和高收入国家。全球金融体系毕竟建立在一个已经过去的时代。它发挥了一定的作用，并为某种形式的和平、稳定和繁荣做出了贡献；但它的短板也随处可见，显然不适合人类世的需要。最终建立一个新的、面向未来的经济生态系统将需要摆脱对经济增长数量的短见。新的生态系统只有在优先考虑经济增长的质量时才会成功。这就要求接下来处理严重的不平等问题。

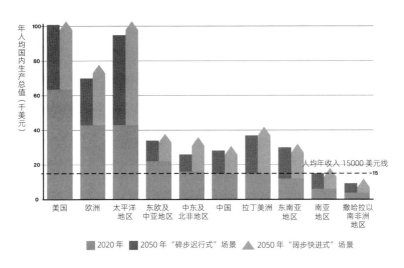

资料来源：E4A-regional-220401

图 3-4　2020 年和两个场景下 2050 年世界 10 个区域的人均收入

不平等变革——
分享红利

无疑，更平等的国家会运转得更好。它们有更强的社会凝聚力，这是做出有利于多数人而非少数人的长期共同决策的关键因素。所以，如果我们的目标是采取大规模的共同行动来长期保护人类文明，那么让社会更加平等可能是我们能找到的最佳解决方案。

在过去的几十年中，新的数据让我们看到一个与不平等有关的非常清晰而明确的模式。在人类福祉和人类成就的所有领域，更平等的国家比严重不平等的国家表现得更好。无论是低收入国家还是高收入国家，在诚信、教育、社会流动、寿命、健康、肥胖、儿童死亡率、心理、犯罪率、谋杀以及滥用药物方面，更平等的国家往往有更好的表现。这样的例子不胜枚举。即使同为富人，生活在更加平等的社会中的富人，也比生活在高度不平等国家的富人拥有更高的福祉水平。这与人们的直觉恰恰相反。

关于平等的变革，需要3个主要杠杆来稳步推进一个新的经济范式。

- 对个人及企业的收入所得和财富实行更大的累进税。[1]
- 加强劳工权力及工会的谈判实力。
- 在深度变革时期,利用"安全网"和"创新网",为共享繁荣提供保障,如设立全民基本红利计划等大动作。

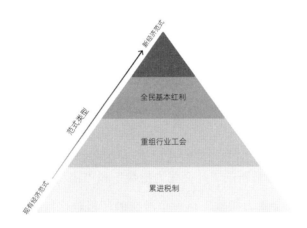

图4-1 不平等变革

> 对富人征收累进税和其他费用,使收入分配更加公平;工人通过重组工会和其他赋予工人权力的机制获得保护和公平补偿;全民基本红利使公民从公民基金的共享资源中获益。以上杠杆有若干共同益处,其中包括在这一变革的几十年中为公民提供必要的安全网。

在这一章中,我们将集中讨论各国内部的经济不平等——低收入与高收入人群的收入和财富差异(不考虑国家的富裕程度)。事实上,不平等所涉及的范围不限于收入和财富,还包括其他方面,如性别不平等,将在其他章节讨论。

近几十年来,各国内部收入分配一直朝着错误的方向发展。十年复十年,世界上大部分国家都变得越发不平等。最贫穷的50%的人的收入不到全民总收入的15%，而最富有的10%的人收入远超全民总收入的40%。许多地区，后者比例接近60%。[2]这种情况是当前面临的主要挑战。

扭转这种不平等的一个关键在于，要确保社会中最富有的10%的人所获得的总收入不超过社会中最贫穷的40%的人的总收入。这意味着，4个穷人的年收入加起来相当于一个排在前10%的富人的年收入。这被视为一个公众可以容忍的不平等程度。[3]如果超过这一程度，就会出现严重的社会问题和健康问题，社会凝聚力也随之减弱，政府将更难做出长期决策。

Earth4All模型跟踪记录了社会福利指数和不平等现象的变化情况，然后通过最新的"社会张力指数"和"福利指数"来反映这一变化。"社会张力指数"是一个潜在的两极分化指标，尤其是与不平等有关的两极分化。该指数上升表明两极分化在加剧，这往往不利于社会内部和社会之间强有力的共同行动。"碎步迟行式"场景表明，随着富有的精英阶层变得越来越强，且与其他人的差距越来越大，社会紧张局势也会随之加剧。当然，这个模型无法预测接下来会发生什么，但我们很容易想象到这样的场景：政府机构想方设法在社会中推行深度变革。经济繁荣和萧条循环往复，最脆弱群体的安全网逐渐萎缩，导致民众的绝望和怨恨情绪。21世纪转型经济学委员会成员理查德·威尔金森和凯特·皮克特重点指出：如果各国实施一系列政策来分享财富，并致力于更大程度的平等，这就为民众良好的心理状态打开了大门，而这种良性心理状态可以为任何可持续性转变（如"阔步快进式"场景中所描述）建立必要的社会信任基础。[4]

那么，我们如何才能达到这种平等的水平呢？在考虑必须要解决的问题之前，我们先详细地阐明减少不平等现象的三大类解决方案。

第一，要从更加公平地分配可支配收入开始。这可以通过实行累进所得税来实现，即对高收入人群征收更高的税。这仅仅只是开始。遗产税和财富税也需要提高累进程度，因为金融资产的积累速度远远高于收入的增长速度，贫富差距将不可避免地越来越大，直到对财富积累实行按比例征税。全球化使得我们需要更多的国际合作来堵塞金融漏洞，阻止资金离岸避税。这意味着要加强对跨国公司的监管。同时，对企业征收最低国际税率也有助于实现更大的平等。大多数富裕国家在2021年就同意了这一点，实在令许多人感到惊讶。

第二，必须加强劳工权力，提高工人的谈判能力。工会和工人的权力已经被削弱了几十年，工会谈判需要得到大力支持。我们应该让更多员工共同拥有企业所有权，并在董事会占有席位，以影响企业的决策。在能源、食品、运输和重工业等行业变革的动荡时期，要鼓励工人支持公司的大胆行动，并从经济变革中受益而非受害，这样的改变显得至关重要。

第三，我们大胆提议：设立一个公民基金，在所有国家发放全民基本红利（详见第八章）。这项提案已被证明的有效方法是，针对从公共资源如化石燃料、土地、房地产或社会数据中攫取的公共财富，实行部分转让。这项提案除了可以更加公平地重新分配财富外，还将在社会变革期间为每个人提供必要的经济保障,并有可能激发人们的创造力、创新精神和创业精神。

经济不平等的问题

1950～1980年,在欧洲,美国等地方,国家内部的不平等差距实际上已经缩小了。这一非凡成就发生在"二战"后的30年中,当时我们经历了巨大的社会、政治和技术变革,经济日益繁荣。自1980年以来,富人与其他人之间的差距逐年扩大。今天,当我们谈到财富时,世界上一半的人口仅拥有2%的全球财富总额,而超四分之三的财富份额(76%)被最富有的10%的人攫取。[5]

你也许会认为,在政治层面上,一个可以接受的解决不平等问题的办法是把"蛋糕"做得更大:经济增长最终会解决所有问题,每个人的财富和福利将呈螺旋式上升,最终所有人都将幸福安乐。对于低收入国家来说,这在一定程度上是可行的。在低收入国家,预期寿命、教育、福利和福祉在经济发展的早期阶段可以迅速提高。但在高收入国家,强劲的经济增长不再与改善健康、福利或幸福感有关。一些富裕国家的富裕程度几乎是其他国家的两倍,但没有迹象表明其人民享有更好的健康或福祉。[6]在当前大规模金融化的全球化经济体中,金融体系的设计是随着"蛋糕"的增长,那些已经持有最大份额的经济体会攫取越来越多的份额。

为什么不平等对社会如此有害？有观点认为，高度的不平等会激励人们更努力地工作，但现有证据并不支持这一论点。有证据明确表明，极端不平等是社会中的一种破坏性力量。

扭曲的政治权力

财富是经济和政治权力的一个重要源泉。极端的不平等意味着权力越来越集中在超级富豪和最富有的公司手中。这对社会，尤其是民主社会来说，是极其不稳定的因素，因为民主社会的一个基本原则是公平代表权。

比如，从2007～2009年全球金融体系的灾难性失败可以看出，金融部门职能人员拥有非同寻常的政治权力。为了防止银行彻底崩溃，政府介入并寻求了数万亿美元来支撑濒临倒闭的银行。世界各地的民众被迫接受紧缩措施，为这一失败付出了惨痛代价，然而经营不善的银行却得到拯救，并继续获得越来越多的利润。随之而来的民众的不公平感导致选举时民粹主义领导人的崛起，而这些领导人又促进了社会分裂以及错误信息的传播。

近年发生的一些事也表明，面对社会问题的解决方案应该为大多数人所接受，否则将面临灾难性的失败，从而导致社会数十年的缓慢发展。

富人的过度消费

除了政治代表权的滥用或缺失，不平等对社会还有另一种有害影响。在极度不平等的社会中，对更高地位的渴望推动了极端物质主义和奢侈的碳消费。[7] 全球近一半（48%）的碳排放量由前 10% 的富人产生。前 1% 的富人造成了全球 17% 的碳排放量，且这一数字还在迅速增长。[8]

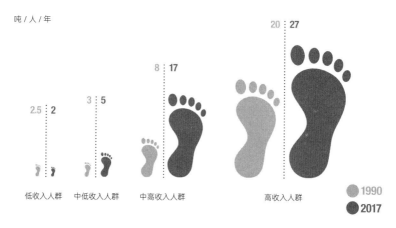

数据来源：联合国环境规划署

图 4-2　人均物质足迹

1990 年至 2017 年，人均物质足迹以吨数计算人均物质的消耗。中高收入和高收入人群的物质消耗大幅增长，而低收入人群的物质消耗却略有减少。

在非常不平等的社会中，人们会更容易对自己在社会中的地位感到焦虑，担心别人会如何评价自己，导致一味追求奢侈品牌、昂贵的汽车或其他能显示身份地位的物品，这些消耗品无疑带来了高碳排放。这是一个无限循环的零和游戏——地位永远有高低之分。消费所带来的压力会让一切崩溃，债务和破产现象更容易出现在相对不平等的社会中。

"众生的地球"21世纪转型经济学委员会成员安德斯·维杰克曼（Anders Wijkman）和刘易斯·阿特肯吉（Lewis Atkenji）指出，解决驱动过度物质消费的原因，并将我们系统的重点集中在满足人们的基本需求上，可以加速"众生的地球"5个非凡变革的实现。众所周知，对自然资源的过度消费会给环境带来愈来愈重的影响，也会损害人类的福祉。比如，我们都很清楚食品过度消费会对人们健康造成何等影响。同样，心理健康问题也主要集中在资源消耗量高的国家。正如"众生的地球"所倡导的，减少不平等现象对于未来的可持续发展至关重要。最为富裕的国家的人民对全球环境影响负有极大的责任。精英人群消费中的大部分会被社会其他群体承担，而这些额外消费并不会体现在所消费的商品的市场价格中。为了解决这个问题，我们需要从根本上改变社会和经济的管理模式。[9]

圈地

早在几世纪前，财富积累导致不平等的驱动因素就已经存在了——圈地。我们的大部分土地曾经是作为公有物被管理的，共同享有、共同维护。但随着时间的推移，逐渐形成了一种新的管理体系，土地产权和所有权需要政府、殖民政权或其他"当局"授予。

渐渐地，曾经开放的、所有人共有的，并且世世代代都能持续使用的土地，变成了圈地。

最终，这种管理体制完全占据了主导地位，资源的使用、获取和收益受到"所有者"的严格控制。这种管理体制也扩展到了其他资源——矿产、数据信息，一直到专利知识产权。但"所有权"并不像看上去那么明确清晰。政府资助的研究实际上是由税收支付，科研成果如移动电话的关键技术、互联网、GPS、触摸屏，甚至苹果公司的人工智能语音助手Siri，都是在大学研究室诞生的。因此，也许多数人，甚至所有人，是不是都应该分享这些成果，这些源源不断由圈地、公共数据和公共资源所资助产出的知识技术等成果？

尽管我们认为这些自然资源或智力资源或许应该属于国家共同财富中的一部分，但基于这些资源所积累的财富却往往是通过富有的家庭代代相传的，而且通常是通过避税机制的。圈地意味着财富的积累速度快于劳动收入的增长速度，因此富人的财富将很自然地超过普通人的收入——这将导致贫富差距越来越大。

警告：未来的颠覆

无论世界走哪条路，是选择"碎步迟行式"场景，还是"阔步快进式"场景，抑或是介于两者之间的某条路，未来几十年对太多的人来说都将是颠覆性的。这在很大程度上是长期不平等导致的遗留问题。

第4章　不平等变革——分享红利

高速发展创新的指数型技术，从太阳能到基因组学，将继续颠覆我们的生活，而且这种颠覆今后可能会加速。盼望了几十年的新创新正走向成熟，并从梦想变成数十亿人生活的现实。高速发展的人工智能和机器学习将跨越新的里程碑。未来，移动互联网的速度将会有巨大飞跃，我们将花更多的时间与机器人互动，机器人也将越来越多地接管那些曾让人类费时费力的工作任务。

这种颠覆将加剧社会的不平等，其方式往往难以预测，如社交媒体能立刻将很多人联系起来，但也可能将错误信息工业化，使民主权利遭到破坏。在社交媒体颠覆社会的同时，机器人技术、互联网技术高速的发展，使得工人们开始争夺稀缺的工作岗位，工资面临下行压力。这催生了临时工阶层和所谓的"无业游民"，他们每天都手握"零小时合同"，生活在大数据时代下一切由算法决定的"履行中心"。

技术颠覆只是其中的一部分。中国的经济和政治力量的崛起或将改变地缘政治秩序。印度已成为世界上人口最多的国家，其经济也将迅速增长。当全球平均气温变化接近 1.5℃ 这条红线时，可以预想到气候和环境将进一步遭到破坏。我们甚至还可能遭遇一系列"黑天鹅事件"，又或者被其他可以预测、提前做准备但被政治家忽视的重大事件所影响，如新的、更致命的大流行病的风险。

重点是，社会需要为这种颠覆做好准备，并建设其复原力，从而提供基本的安全网并减少不平等，无疑是实现这一结果的方法之一。

衡量不平等

解决不平等问题可以从衡量不平等开始。一个世纪以来,最常见的衡量方法是计算一个国家的"基尼系数"。这个系数以其创建者——统计学家和人口学家科拉多·基尼(Corrado Gini)命名。它衡量了一个社会中从最穷到最富的人群收入分配情况。但由于基尼系数的复杂性等诸多缺点,并非所有人都喜欢使用它。最近,经济学家何塞·加布里埃尔·帕尔马(Jose Gabriel Palma)提出,真正重要的是有多少收入或财富流向了最富有的10%人群,又有多少收入或财富流向了最贫穷的40%人群。他的论点相当合理:不论在哪个国家或任何时间,中间50%的人群都持有约一半的国民总收入。因此,真正重要的是贫富两端的收入正在发生什么变化。[10]

"帕尔马比率"相对简单一些,就是最富有的10%人群的收入占总收入的比例除以最贫穷的40%人群的收入占总收入的比例。斯堪的纳维亚半岛国家的帕尔马比率约为1,也就是说最富有的10%与最贫穷的40%人群的总收入大致相同。英国的帕尔马比率是2,美国是3,南非是7。我们认为帕尔马比率保持在1,是一个社会仍可持续发展的不平等水平。我们也可以证明,在很长一段时间内,将帕尔马比率维持在1能够使社会保持强大的凝聚力,并为大多数人提供非常高水平的福祉。

在"碎步迟行式"场景中,地区间的不平等继续加剧。但是,在"阔步快进式"场景中,到2050年,随着转移支付①增长到足以

---

① 转移支付是通过政府无偿支出实现社会收入和财富再分配的一种手段。——译者注

使工人的可支配收入高于"碎步迟行式"场景,所有地区的不平等情况将显著降低。

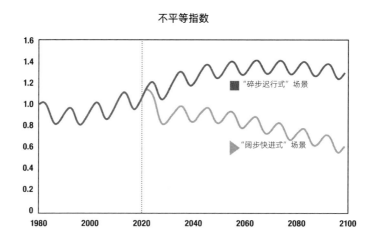

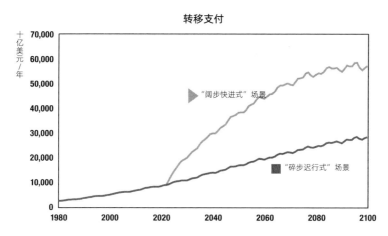

图 4-3 两个场景中不平等指数

与"碎步迟行式"场景相比,"阔步快进式"场景中的不平等指数更低,其原因是更高的财政转移支付。

社会张力指数

Earth4All 模型的一个创新在于引入了与社会不平等有关的"社会张力指数"。在世界上 10 个区域，追踪他们的社会不平等现象如何增加或减少，以及如何影响政府有效治理的能力。结果显示，与"碎步迟行式"场景相比，"阔步快进式"场景中的社会张力指数要低得多。

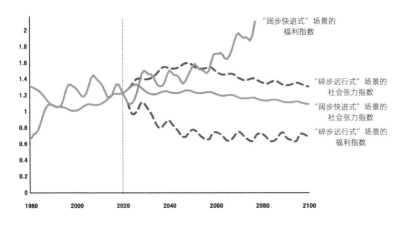

资料来源：E4A-global-220501

图 4-4　两个场景中全球社会张力指数与福利指数

在我们朝 2100 年迈进的过程中，"碎步迟行式"场景中的社会张力指数要高于"阔步快进式"场景中的。

迈向更平等社会的巨大飞跃

在"阔步快进式"场景里,到 2050 年,它会成功推动世界上 10 个区域向更平等的方向快速转变。这得力于实施 3 个关键且层层递进的解决方案:一是对收入和财富收累进税(包括财富税);二是给工人赋权;三是对自然资源的开采使用"收费加分红"的方式。不过不同的地区和国家在采取这些解决方案时可能会有差异,不能"一刀切"。在此强调一下,我们并不排除其他能减少不平等的优秀解决方案,在后面的章节会提到。

收入和财富的阶梯式再分配

首先是收入的问题。我们有几种控制收入分配的方法,来确保不平等问题不会达到具有破坏性的程度。

缩小收入差距的主要且明显的方法是阶梯性征收所得税。最低收入群体只需缴纳很少的税款(如果工作受到被机械自动化取代的威胁,甚至不需要支付任何税款),而最高收入群体则需要缴纳更多的税款。

其次,我们还面临着控制个体财富积累的挑战。我们必须增加遗产继承税和财富税,以防止个体财富积累的速率超过工人收入增长的速率(以年度百分比计)。如果我们不这样进行干预的话,贫富之间的差距将不可避免地持续扩大。一个有名的例子可以很好地展现这个问题的规模：美国亿万富翁沃伦·巴菲特（Warren Buffett）的所得税率比他的秘书低，令人难以置信。这是因为他的收入来源是投资而非薪资。[11]

第三个手段可能会让相关人员非常沮丧，那便是对公司高管工资超过职员平均工资的部分设定数量限额。近几十年来，高管与职员之间的薪资差距急剧扩大。美国经济政策研究中心 2021 年的一项研究发现，在 2020 年，美国最大的上市公司支付给首席执行官的工资是普通职员的 352 倍。而在 1965 年，工资差距急剧扩大之前，首席执行官与职员的薪酬比率仅为 21 比 1。[12]

全球化意味着我们需要国际上的联合努力，来填补金融漏洞，阻止资金流向海外的避税天堂。当然，跨国公司必须承担自己那份责任，而这一点，我们已经取得了一定成就。2021 年，G20 的高收入国家首次就跨国公司国际税收的基本税收达成一致。这个重要成就意味着国际税收"逐底竞争"问题的解决的开始。

经济民主：工人的再培训和赋权

在过去的 40 年里，工人的谈判实力被故意削弱，以至于即使在地球上最富裕的国家，"零时合同"现象也司空见惯。人们普遍认为，削弱工会及工人权力，是为了在日益全球化和激烈残酷的经济世界中提高竞争力。

近几十年来，随着制造业向中等收入国家转移，高收入国家的制造业大幅萎缩，取而代之的是服务业的发展。如果这些国家的工会无法恢复从前的实力，那么就要转向其他改善经济民主的解决方案。

许多解决方案的根源都在于工作场所的民主化。员工共同所有权计划可以让员工在公司拥有股份。员工在董事会中拥有席位可以让他们和股东、公司高管一起参与到公司的共同决议中。设立更多工人合作社也可以发挥关键作用。所有措施都能让员工从经济变革中获益，并使他们支持那些通向变革的大胆计划，而不是抨击变革并加剧经济不安全。

政府还可以提供一些有保障的工作，如基本的公共服务工作。社会对基本环境保护和社会服务的需求很高，包括植树、城市再野化和土壤保护等。

我们还认识到，无薪劳动者（其中很多是为家庭奉献的女性）为经济和社会提供了宝贵且无价的服务，增强了社会凝聚力。那么，如何利用这一变革的时刻，不仅承认他们对社会的贡献，而且保护、奖励并赋予他们权利？接下来我们想介绍一下全民基本红利的概念。

引入公民基金和全民基本红利

近年来，人们提出了一些很有前景的想法来帮助财富再分配和经济安全正常化，这些想法经过了试验并得以成功实施。比如，法国经济学家托马斯·皮凯蒂（Thomas Piketty）建议，给所有年轻人10万美元，让他们在健康的经济保障下开始工作。在芬兰、加拿大、爱尔兰、肯尼亚等国家及其他地区，已经在一定程度上试行了全民基本收入政策。公民基金和全民基本红利可以有许多不同的模式（设计可行的方案并不容易），但基本上所有公民，不管其工作状态如何，都能够定期获得少量的固定收入。

自1976年以来，美国的阿拉斯加永久基金（Alaska Permanent Fund）从开采该州自然资源的石油公司那里收取一定份额的收益，向所有公民发放红利，通常是每人每年1000～2000美元。2021年为1114美元，这意味着一个四口之家将获得4456美元。共和党国会议员提议将这一做法扩展到全美。如此一来，与碳排放相关的费用将重新分配给所有公民。据估计，一个四口之家每年将从这样的体系中获得大约2000美元，从而在动荡和变革时期有一定的经济保障。[13]

所有这些建议都有其可取之处。它们在变革过程中提供了一定程度的经济保障，工人不用被迫接受最低工资，他们可以对剥削说"不"。同时，这些建议也可以通过创造经济自由激发创造力、创新精神和创业精神。因此，这不仅是一张安全网，还是一张创新网。

在这些建议的基础上，鉴于认识到即将到来的变革，以及伴随这些变革而来的风险和巨大的不确定性，我们建议通过全球共享红利为公众提供全民基本收入。例如，很多企业在运营过程中会开发和使用公共资源，产生二氧化碳排放、造成森林砍伐、使用公共数据、在陆地或深海采矿等，这些企业需要为此支付费用，而政府则把这些收益作为红利平均分配给所有公民。

也许有人会说，把红利直接分给社会中最穷的人群岂不是更公平吗？我们要知道，解决方案必须让社会的每个人都参与其中，或适用于大多数人，它才会成功，否则就有失败的风险。如果中产阶级觉得他们从一项政策中受益，他们就会支持这项政策。反之，如果中产阶级觉得获益的是其他人而非自己，那么他们就不太可能支持这项政策。此外，全民享有红利政策简单易行，这极大地有利于获得民众广泛支持。

以上我们讨论了推动经济更平等的三个解决方案：一是对收入和财富征收累进税；二是赋予工人权力；三是和全球共享红利或者类似的收益。当然，我们也支持其他好的解决方案。在经济崩塌时，央行经常通过以贴现率购买股票来确保企业生存。如果各国政府在经济复苏时继续持有这些股票呢？这样做的话，政府就可以积累大量的股票投资组合，并利用将来的收益来支撑和增加全民基本红利或给每个年轻公民一次性支付一笔保障金。当然，我们一开始就应该重新考虑对什么征税。某些情况下，所得税会成为创造就业岗位额外的障碍，使雇用员工的成本高于雇用机器人。因此，我们或许可以重新调整和平衡优先项，向那些对就业有负面影响的事项征税，如与新技术有关的事项。

克服障碍，走向平等

在实现更大平等的过程中，第一个巨大障碍就是，任何消除不平等的重大改变，都需要权贵和准权贵的支持。这看似是不可逾越的挑战，如同让火鸡投票支持感恩节。因为通常情况是富人向政党捐赠巨资，确保他们对政客的控制。我们要做的是消除这种政治干预，并创造一个更公平的竞争环境。

同时，有迹象表明情况正在发生变化。许多著名的百万级、亿万级富豪承认不平等问题的存在，并公开支持更公平的财富再分配政策方案。商界精英及资本主义的主要喉舌《经济学人》、英国《金融时报》和世界经济论坛等一直在向人们大声疾呼：第一，不平等问题正在严重破坏社会稳定，必须加以遏制；第二，极端气候和环境破坏是与不平等问题相关的系统性挑战，需要新的经济解决方案来应对此挑战；第三，商界和金融界需要支持政府采取更有力的行动。一些超级富豪团体，如美国的"爱国百万富翁"，曾公开呼吁政府对他们增税。尽管这些群体仍然只占少数，但却正在证明一个事实——广泛平等给所有人带来的好处得到了富人更多的认可。

第二个明显的障碍是负担能力。各国政府如何负担全民基本红利和其他解决方案所带来的财政负担？从长远来看，这将通过在全社会公平地重新分配财富来实现。在短期内，拥有稳定主权货币的政府有能力承担这笔钱。这种经济战略在全球金融危机和疫情期间成功地提振了经济。我们没有理由不再第三次利用它，在深度变革期间保障基本的经济安全。

第三个障碍是主流社会一直以来的说法，它告诉大家：不平等是创造"更美好"世界的必然结果，你必须接受现实；这是资本主义社会的"自然"秩序。

但我们需要一种强调现实的新叙事：极端的不平等具有极大破坏性，甚至对富豪也是如此，它阻碍了社会发展、制造了社会分裂和怨恨，它滋生出对每个人都危险的社会环境，也破坏了民主。

事实上，民主力量在平等的社会中更强大。在更平等的社会中，人们的福利和健康水平更高，这一点从欧洲、日本和其他地区的数据中可以看出。更重要的是，我们分析得出这样的结论是要想维护民主价值观，为所有人提供粮食、能源和经济安全，就必须对财富进行深刻的再分配。

结　论

这些都是关于"人类世"的大理念，跨越了当今世界现实和"众生的地球"所倡导的经济之间的鸿沟，这些理念为变革期提供了经济保障的安全网。我们必须承认，下一个 10 年将是颠覆性的。如果没有经济安全网，民众会固执地坚持己见，选民将更有可能转向民粹主义领导人，并且拒绝变革，因为这让人感觉像是又一次让精英阶层中饱私囊的改革。但这些安全网也可以被视为一个创新网，让人们能更灵活地开创未来经济。

总而言之，政府应该大力利用这些杠杆：增加累进税；重新组织工会以增强工人的谈判实力；实行收益—红利制的公民基金。这些措施有助于扭转工人在产出中所占份额的历史性下降。如图 4-5 所示。

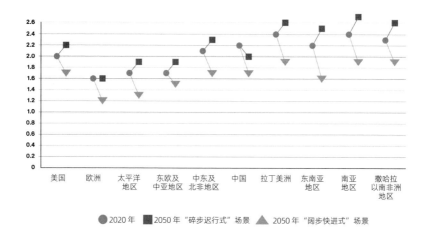

资料来源：E4Aregional-220401

图 4-5　2020～2050 年世界 10 个区域的不平等指数

上述这些方案解决了如何从当前的以社会内部长期不平等和分裂加剧为特征的经济范式，转变为一种在社会内部具有更多信任的新范式，从而使政府有可能实现更有效的治理。简单来说，它们是其他所有变革的推动力量、基础和催化剂。更平等的国家更有可能大力度支持海外发展，更有可能支持性别赋权以及在健康和教育方面的投资，更有可能支持粮食和能源变革以促进自然生态系统再生。这是因为它们更有可能支持一个积极、自信的政府做出真正有效的长期决策。

5

赋权变革——
实现性别平等

这一变革关乎性别平等、妇女社会机构以及在不断变化的世界中如何捍卫家庭。这是什么意思呢？毫无疑问，提高妇女的受教育权，增加妇女获得体面工作的机会以及提高经济自主能力，从而让她们获得更多的生存机遇，都将有助于建设更美好、更强大、更具复原力的社会。这将决定人类和地球的未来轨迹。

世界各地仍然普遍存在对妇女平等受教育权、同工同酬权和老年经济保障权上的区别对待。随着"实现性别平等"的变革，所有妇女都能更好地获得以下机会：

- 教育、健康服务和终身学习；
- 财务独立和领导职位；
- 通过全民基本红利或类似计划、扩大养老金计划或类似计划获得经济保障。

所有这些，将加速这一转变——从性别歧视转向性别平等，并建立妇女社会机构，这是真正重视我们共同未来所需迈出的必要一步。

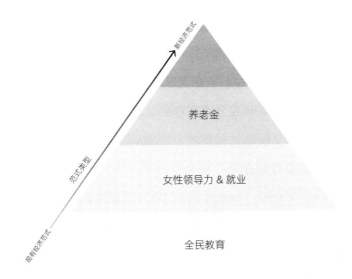

图 5-1　赋予妇女权利

赋权变革为社会带来了性别平等的诸多好处。这个巨大的飞跃意味着妇女和女孩将获得更多平等机会：从学校到工作再到老年生活。

从广泛意义上讲，捍卫家庭意味着重视家庭成员想要的任何家庭结构。家庭，无论大小，可以是多种结构，每个家庭需要有生计保障、全民医疗保障、灵活的工作方式、足够的养老金以及拥有人道主义关怀的育儿假等。从复杂系统的角度来看，这些是使整个社会走上变革之路的重要基础。

在支持赋予妇女权力的同时，如果把其他群体抛诸脑后，或未能理解歧视的交叉性，就很容易损害自身利益。一个更强大的社会意味着了解所有边缘化群体（如土著群体和难民）的具体背景和需求，并通过政策干预解决这些问题。我们需要理解，男性也会因种族、性取向、宗教、收入等原因受到歧视，不能被排除在性别赋权政策之外。21世纪转型经济学委员会成员、非洲生态经济学家协会主席——简·卡布博-马里亚拉（Jane Kabubo-Mariara）也指出，以牺牲男孩为代价赋予女孩权利会适得其反。她说："比如在肯尼亚，人们普遍认为，自1995年在北京举办的第四届世界妇女大会以来，太多的平权行动让女孩相对男孩的占上风，有人呼吁扭转这种局面。"男孩们不能被排除在外。南非政治家、罗马俱乐部联合主席曼费拉·兰费尔（Manfila Lanfel）指出：在一个近似病态的主张"男性气概"的文化中，忽视男性并且不关注他们的焦虑会导致针对女性的灾难。因此，女性赋权这一变革是为了消除歧视，以便迅速向包容性和性别平等过渡。

因此，在动荡的变革阶段，对全民教育的投资必须被视为头等大事。这里的"教育"不仅是指促进学习和获取知识，还包括重新思考教育系统，让教育系统从工业革命（主要为男孩设计）的世界观中走出来，进入一个重视终身学习、重视人类与生态系统之间联系的世界观。这意味着，要让女孩和男孩都具备驾驭21世纪所需的认知能力——批判性思维、系统思维和适应性领导能力，以便他们能在正处于深刻变革的世界中茁壮成长。

经验表明，政府使用公共投资为民众提供医疗保障，不仅可以为大多数人提供经济上最优化的长期医疗保障和福祉，而且正如新冠肺炎疫情期间我们所看到的，它还有助于建立人们对政府的信任。经济学家玛丽安娜·马祖卡托（Mariana Mazzucato）曾指出：2020年，由于各国政府增加了军费开支，全球GDP增长了2.2万亿美元；但与此同时，给全球人口接种疫苗所需的区区500亿美元却没有着落。[1] 追根究底，变革需要各国政府更加积极地在经济上给予支持，以帮助我们建设未来。一个简单的开端：为普及教育和医疗保障设定一个目标，然后向这个目标开始努力，并找出实现它的办法。

在劳动力市场中，男女地位平等是一个基本目标。女性约占世界人口的一半，但在收入和财富占比方面仍处于劣势。在一个性别平等的社会里，女性应该获得大约 50% 的总劳动收入。但总体来看，1990 年，妇女在工作劳动收入中所占的份额是 30%；截至 2022 年，此占比仍然低于 35%。[2] 世界上只有不到 20% 的土地所有者是女性。这不仅是因为女性收入往往比男性低，也是因为大多数女性被困在低收入的工作岗位上，并面临着"职业天花板"，根本无法获得高层职位，这使得男女不平等问题持续存在。此外，很重要的一点是女性在政治领域、金融领域、公司董事会和管理层中的所占席位仍然太少。因此，性别平等对于社会的复原力和社会的健康至关重要。性别平等的实现，将给社会乃至我们生活的地球持续带来许多重要的收益。

人口问题

想要引发一场长久而激烈的辩论，最简单的方法或许就是提出全球人口增长问题。众所周知，托马斯·马尔萨斯（Thomas Malthus）在 220 年前曾引发了激烈的争论。到了 20 世纪 60 年代，这些争论仍在激烈进行。当时，保罗·埃尔利希（Paul Ehrlich）和安妮·埃尔利希（Anne Ehrlich）在他们的畅销书《人口炸弹》(The Population Bomb)中，为这场辩论火上浇油。他们发现，在不到50年的时间里，全球人口几乎翻了一番，从20亿人增加到40亿人。自1975年人口数量达40亿人以来，到今天人口几乎又翻了一番。

2022年，世界总人口为79亿人，且正以每年约8000万人新增人口的速度增长。那么，什么时候世界人口会再翻一番，达到160亿人呢？

这个结果不会出现，甚至不会接近这个数字。简言之，"人口炸弹"已被拆除。因此，人们无须再担心。事实上，过去的40年里，人口结构发生了巨大的变化：人口增长率在20世纪60年代达到顶峰，此后便一直稳步下降。在世界范围内，女性的生育率越来越低。到2020年，全球每位妇女平均生育的子女数量仅略高于两人。但是，这其实掩盖了不同国家和地区的巨大差异。在日本和韩国这样的国家，每位妇女生育的孩子还不到两人；而在低收入国家，特别是"脆弱国家"，这一数字要高得多。

尽管目前在减缓人口增长方面取得了一些进展，但如果世界人口继续保持当前的发展趋势，联合国的人口预测显示，到21世纪末，人口将达到110亿左右的峰值。[3]这给地球带来的额外压力是巨大的，足以成就或破坏任何社会。联合国预测，人口增长将主要发生在非洲。在西非的一些地区，每名妇女的平均生育子女数仍然高达6人或7人。目前，有13亿人生活在非洲大陆。联合国预计，到2100年，这一数字将达到惊人的30亿人到43亿人，即地球上每

10个人中就有4个人生活在这里。这一增长还是在预计非洲大陆将面临干旱、疾病等一系列最严重的极端气候影响下的数据。

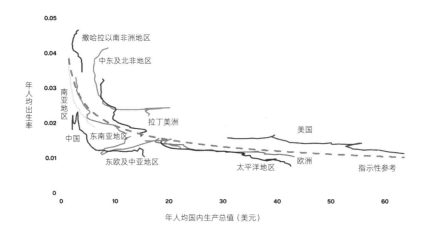

数据来源：佩恩世界表和联合国人口司

图 5-2　10个区域的出生率

随着人均收入的增加，所有地区的出生率迅速下降。实线显示了1980～2020年的历史数据；虚线显示了2100年未来出生率的指示性参考，该指示性参考以国民生产总值为变量。

我们能否避免这一"雪上加霜的生育困境"。出生率与诸多因素相关，包括城市化、教育、女性就业、人均收入和便利的避孕措施等。所有这些都使女性在想要多少孩子问题上拥有更多的自由选择权。[4]然而，最新数据显示，发展中国家有2.22亿妇女的计划生育需求没有得到满足。在撒哈拉以南的非洲地区和其他发展中国家实施这些解决方案，将避免100多万名婴儿的死亡和5400万例意外怀孕；但如果不加以预防，将导致2100万例意外分娩、700万例流产和2600

万例堕胎，其中 1500 万例堕胎是不安全的。[5]"阔步快进式"场景旨在提供这些解决方案，以帮助解决那些因计划生育方面扶持不足而造成的健康和社会问题。

我们的分析表明，实现赋权变革的主要措施（教育、健康、收入、养老金）将延长民众寿命，但到 2050 年全球人口将达到 90 亿左右的峰值。然后，从 21 世纪下半叶开始，人口将缓慢地稳步下降。那么，这种更加稳定的社会形态将如何得以实现？

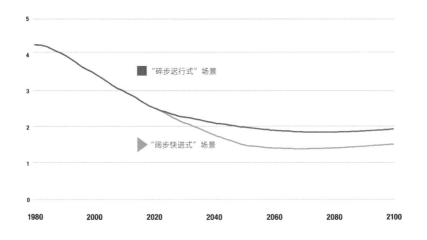

数据来源：E4A-global-220501，佩恩世界表和联合国人口司

图 5-3　妇女的平均子女数

随着收入的增加，妇女选择生育更少的孩子。1980 年，4 个孩子；2020 年，这个数字是 2.4；到 2050 年，无论在哪种场景下，妇女平均生育数不会超过 2。

第5章　赋权变革——实现性别平等

扭转局面：教育、收入和养老金

乍一看，这一变革过程中的主要挑战似乎是一堆毫无关联的问题：重新思考教育观、为全民提供医疗保障以及扭转人口过剩的局面。但它们都与一个核心理念紧密相关——性别平等。之前的经验很容易证明，投资性别平等，促进建设一个经济机会平等和社会流动性平等的社会，所有人都会从中受益。

随着社会的日益发展，我们将不得不适应人口老龄化问题。这将要求各国对经济结构进行深刻重组。最重要的是，社会需要适应环境变化和社会变革。要想增强社会韧性、让民众信任政府并且让全民支持社会变革，那么全民教育和医疗保障是基础。简言之，"众生的地球"倡议需要更积极的政府，而且，除非大多数人觉得他们从这一变革中会受益，否则变化将不会发生。所幸，我们不是从零开始。

在我们讨论的所有变革中，性别平等及推动性别平等的机构在过去 50 年里取得的进展最大。不可否认的是，因为起点非常低，前方有许多座高山等着我们攀登。不过，在过去 50 年的进步中，我们看到大多数地区的男女教育差距甚至工资差距都缩小了；父母遗产继承中的性别平等对待也变得越来越普遍。

但进步的步伐显然还不够快，不足以实现"阔步快进式"场景中的设想。最重要的是，如果没有新的推进，人口增长可能会达到对全人类来说一个极具挑战性的水平。

这5个非凡的变革都将在某种程度上改善性别平等的现状及所涉及机构，并同时带来大量其他好处。比如，粮食和能源的供应带来更多经济保障，这会影响每个家庭的长远决定。但是，人们在做选择时，最重要的因素并不是什么高深的科学，而是经济独立。经济独立带来自由选择权，使女性可以对男人说"不"，对有辱人格的劳动说"不"，对不想要的婚姻说"不"，而对教育、培训、事业和生育控制说"是"。

放眼全球可以看出，性别平等和重视家庭生活至少是获得经济成功的秘诀之一。富裕的北欧国家，如丹麦、芬兰、冰岛、挪威和瑞典，经常在关于幸福感的国际调查中名列前茅。这些国家都是市场经济，国家效率很高，致力于对家庭进行投资。在2020年世界经济论坛的全球社会流动性指数中，北欧的表现优于世界其他地区，出生在丹麦的孩子比出生在美国的孩子更有机会实现"美国梦"。当然，这些国家远非完美，因为它们有非常高的物质消费足迹。但有趣的是，公民对政府的信任度很高，这使这些国家能够做出惠及所有人的有效长期决策。例如，它们在首批承诺净零碳排放的国家之列。最近，越来越多的国家更积极地接受了福利经济的概念。新西兰、苏格兰、威尔士、芬兰和冰岛组成了一个联盟，以推动为多数人服务的新经济理念。在我们撰写本书时，这些国家正大力倡导政府中的性别平衡，而且倡议活动都是由女性领导的。

福利经济目前吸引了越来越多国家的注意。哥斯达黎加、加拿大和卢旺达政府正在探索这些方法,以确定经济制度优先级。在其他方面,一些城市已经开始探索凯特·拉沃斯倡导的"甜甜圈"经济模式,他们正努力地在物理生物的行星边界内,在各种不平等、健康、教育、性别等社会问题的限制下发展自己的经济。

没有绝对完美的经济体系,但现在有一个充满活力的生态系统。它由强大的、具有变革性的且在实践中有效的经济理念所组成,其共同点是对性别平等及其机构进行承诺和投资。

教育转型

解决人口增长问题最重要的政策干预措施之一就是教育投资。教育是摆脱生活枷锁的最佳途径。它增加了社会流动性、提供了经济保障,让人们拥有更多机会。让女孩接受教育可以增加女性的终生收入和国民总收入,降低儿童死亡率和孕产妇死亡率,而且有助于防止童婚的发生。过去 50 年的进步意味着,世界上有许多地方在受教育上已接近性别平等。在某些地方,受教育的女孩比男孩还多。然而,在非洲、中东、亚洲和太平洋地区,在受教育方面的性别平等水平才刚刚达到目前高收入经济体在 1900 年的水平。

通常,教育程度简单地用在校学习年数来衡量,这在一定程度上是可行的。正如高收入通常与优渥的生活紧密相连(尽管有证据表明,超过一定的收入水平,生活满意度就会停止增长),教育也通常与学校教育密切相关。但令人惊讶的是，自工业革命以来，学校几乎没有改变。尽管科学技术在两个世纪以来发生了翻天覆地的变化，但"教室"还是原来的"教室"，有一名老师，以及面向老师的一排排桌子。

我们的学校是为其他时代而非当代设计

把女孩们送到一个类似于19世纪男权制度下的教育体系里，这似乎是一种奇怪的赋权形式。在目前最常见的学校教育模式中，孩子们仍然被反复地要求在规定的时间内记住一些东西，且通常老师不给出明确的理由为什么要记这些东西。考试的重点也是这些内容。学习成了一种仪式，所记内容也很快会被遗忘。其实，除了识字和计算能力，真正的学习在于学生之间的社交互动，以及了解和解决成长过程中的棘手问题。当然，在许多农村学校，有一个称职的老师和可正常使用的厕所，这似乎已经是小小的胜利了。

但追求不能止于此。高等教育的结构化教育提供了真正无价的东西——社会流动性的阶梯。这就是教育要被重视的原因，因为随着社会流动性的出现，不仅是学习者本人，整个家庭都有了过上更好生活的希望。但是，仅仅因为爬上了梯子，坐在摆着电脑的教室里，并不意味着更好的教育成果。如果说这五个非凡的变革说明了什么的话，那就是基于19世纪的简化论和线性因果关系的思维方式，这是目前社会问题的一个重要部分。因为这种思维方式，就像是把对科学和知识的理解建立在这一假设之上——假设世界是一台可以单独拆分理解的由零件组成的机器。这显然是不可行的。

世界各地的教育改革应该建立在这两个基础上：批判性思维和复杂系统思维。可以说，当今世界最大的挑战不是气候变化和生物多样性丧失，甚至不是疫情大流行，而是我们大家无法分辨何谓事实、何谓虚构。在民主社会中，通过大众媒体内部的制衡，至少在某种程度上遏制了错误信息和虚假信息的传播。社交媒体打破了这种模式。它使错误信息和不实信息的传播工业化，使社会两极分化，破坏了信任基础，导致我们在面临共同挑战时无法合作，甚至无法就基本事实的解释达成一致。疫情期间，戴不戴口罩在某些国家成了一个政治问题，经验证据却被忽视、被蔑视、被嘲笑，这导致了许多不必要的死亡。这样的失败源于一个系统性的问题，它需要长期的解决方案。教育系统有责任加强和改进关于批判性思维的教育，以帮助下一代在这个充斥着错误和虚假信息的信息雷区中前进。

教育的第二个基础是复杂系统思维。Earth4All 模型建立在系统动态学和系统思维之上，这在 50 年前出版的《增长的极限》一书中曾提出。大多数现实世界的系统都是复杂的动态系统，无论是海洋和气候，还是城市化和股票市场。因此，一个直到大学才重视这个基本特征的教育系统是过时的。许多土著民族使用的知识系统都采用系统观、复杂性观以及叙事性的学习方法，这些方法可以纳入基于系统思维的新课程。批判性思维和复杂系统思维对于培养适应性领导力方面至关重要，这种在迅速变化的环境中采取果断、明智行动的能力是引领和驾驭未来的基本能力之一。

教育成本阻碍数百万儿童接受教育

教育问题是一个系统性的经济挑战。20世纪80年代，很多非洲国家经历了一场严重的债务危机。国际货币基金组织和世界银行介入，向现金匮乏的国家提供了贷款。但这笔钱是带有附加条件的，他们坚持要求各国控制公共支出。这些国际要求后来转化为学校引入"使用费"，支付教育费用变得普遍起来。联合国儿童基金会当时的一项研究发现，约占一半的发展中国家，最贫穷的40%的家庭每年要花费超过10%的收入去支付两个孩子的学费。联合国教科文组织2019年的数据显示，全球因各种原因失去受教育机会的人数为2.58亿人。[6] 全球疫情无疑增加了这一数字，但在撰写本书（2022年）时，没有人知道具体增加了多少。在疫情前两年，与发达国家相比，发展中国家封控的时间大约是前者的两倍。由于低收入国家学龄儿童的比例几乎是高收入经济体的两倍，疫情冲击给他们带来的不利影响更大了。[7]

"我们也有好消息，目前有许多项目提供了其他可供选择的教育模式。"21世纪转型经济学委员会成员曼费拉·兰费尔说。[8] 这些可供选择的教育模式可以适应不同的文化和地理环境，更适合目前以及未来的需要。南非的兰加教育援助计划（Langa Education Assistance Program，LEAP）就是一个例子。南非是世界上经济最不平等的国家之一。兰加教育援助计划的宗旨是通过向最边缘化的社区提供免费教育来解决不平等问题。它的课程设计旨在激发学生的个人能力，培养他们的全球公民意识。参与此项计划中大约80%的学生获得了学位或文凭，或继续接受高等教育。他们说："我们正在向世界证明不可能：无论多么贫困，南非的任何一个孩子都能从高中毕业，获得高等教育资格，并对未来充满期待。"曼费拉·兰费尔说，兰加教育援助计划的成功指明了方向，一个新的兰加教育援助计划研究所即将成立，这种援助模式也将在整个南非地区推广。

经济独立和领导能力

除了就业，还有很多方法可以实现经济自由和经济保障。如果一个社区的所有妇女每月都能无条件地收到一定的现金会怎么样呢？在印度的一项试验中，妇女获得了某种形式的全民基本收入。这项试验的目标是探讨全民基本收入对贫穷的影响，希望支持更多倡导赋权和性别平等的机构。试验得出结论：补充收入有三个好处。第一，所有家庭成员的营养状况得到了改善，这意味着家庭成员的健康状况也得到了改善，儿童在校学习的时间也有所增加；第二，补充收入对经济增长产生了积极影响，妇女对家庭开支有了更大的决定权；[9] 第三，值得强调的是，这种方法不像许多"家长式的福利项目"那样，由他人来决定女性需求。提供稳定的收入来源，且不受经济状况审查或条件限制，可以促进性别平等的发展，也能促进性别平等以及广泛包容。

第三章谈到了在较贫穷国家该如何创造自给自足的繁荣经济。如果做得好，这可能意味着更多的政府收入可以用于改善教育，就有可能实现教育免费并且全民普及。然而，当涉及性别问题时，我们所面临的挑战不仅是能上学那么简单。在世界上许多地方，文化期望和家庭义务沉重地压在女童和妇女身上。许多女性，尽管受教育程度很高，还是无法获得工作。

除全民基本收入和免费教育之外，我们强烈支持将全民健康保障作为实现更大程度性别平等的系统性解决方案。在21世纪，我们认为这是一项基本人权，也是一个社会正常运转的基础。在英国和瑞典等国，有效的免费医疗体系让民众对政府产生信任，使民众认为国家财富在全体公民之间得到了更公平的分配。

全民健康保障以一个为全社会提供医疗服务的系统为基础，它可以在预防性医疗干预方面投入更多的时间和资源。21世纪转型经济学委员会成员安德鲁·海恩斯（Andrew Haines）指出，对医疗预防的投资通常只占医疗保健支出的一小部分。[10] 例如，人们所接受的饮食和体育教育，以及社会结构的改变能促使他们更偏向于做出对健康有益且更加可行的选择。这些行动可以降低医疗保健的总体成本，并帮助人们做出有利于他们长期健康的选择。此外，它还为社会上最脆弱的人群提供了额外的经济保障。

如本章所述，社会积极趋势若超越了历史趋势，那么在企业和政府的领导层实现更大程度的性别平衡就值得期待。我们需要更多的行动和法规，以支持人们在经济和政治生活中所担任的多元化角色。

有保障的养老金和有尊严的老龄化

正如数据明确显示,在世界上的大部分地区,生育率并不是人口增长的原因。在这两种场景的设想下,全球人口在未来几十年里持续增长的主要原因之一是我们当中有许多人仍然年轻(2020年全球年龄中位数约为30岁),而且目前大多数人的寿命也在延长。人口老龄化问题需要我们在医疗和长期护理方面加大支出,这一方面转移了疾病治疗的医疗负担,另一方面将导致劳动力短缺。养老金缺口将导致收入不稳定。同时,随着人口老龄化,我们需要在福利方面加大投资,这也给经济体制中的劳动者带来了压力。

应对人口老龄化的出发点是随着寿命的延长而延长退休年龄。这有助于减轻国家劳动力的经济负担。当然,这也带来了其他问题,因为退休一直是一种他人提升职业生涯的自然方式(延长退休年龄无疑给年青一代的就业带来了压力)。此外,老年人的经济保障也至关重要,这就是我们支持扩大养老金,特别是为女性提供养老金的原因。

扩大养老金、全民基本收入和全民基本红利等宏伟想法的时代终于到来了。它们可以对所有国家的性别平等机构和赋权行动产生深远影响。现在已经到了大胆实施这些政策的时候了。这些政策不仅有助于更公平地重新分配财富,还将在动荡的经济变革时期提供必要的经济保障。这些想法与"不平等和能源的重大变革"相关，第四章、第七章以及第八章中有进一步的讨论。

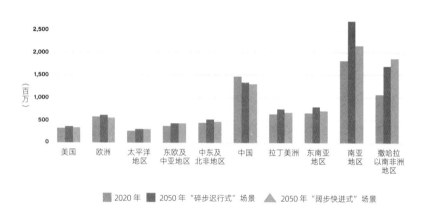

数据来源：E4A-regional-220427，佩恩世界表和联合国人口司

图 5-4　2020 年和两个场景下 2050 年世界 10 个区域的人口

结　论

传统文化中的一些根深蒂固的观念是阻碍进步的巨大绊脚石。在父权制长期主导的历史原因下，一些社会的许多方面（如艺术、音乐、商业和政治）都深受男性等级制度思维方式的影响。它简单且强有力地告诉大家："这就是人类的自然秩序。"

重视未来要从重视多样性、公平性和包容性开始。实证数据显示，在所有人类发展和福祉排行榜上，那些更支持性别平等、更注重工作和家庭生活平衡的经济体得分最高,经济竞争力也相应更强。社会中的每个人都受到更平等的重视,有助于建立社会凝聚力,同时增强社会抵御冲击的能力。这就是我们想要的未来的基础。

性别平等还有额外深远的好处。1800～1975 年,占主导地位的人口增长指数曲线在过去的 50 年里开始出现下降趋势,这是一项令人惊喜的经济发展成就。但我们仍面临着巨大的挑战,其中最重要的是为地球上的所有物种提供美好的生活。很简单,如果世界人口能够稳定在 110 亿以下,或者在 2100 年前保持 60 亿～90 亿,那么,我们就会增加未来实现"阔步快进式"场景的可能性。

6

粮食变革——使粮食系统对人类和地球更健康

在过去的 50 年里，我们见证了粮食安全的惊人转变。从 20 世纪 70 年代起，尽管世界人口增加了一倍，但世界上因饥荒而死亡的人数却急剧下降。当然，不可否认的是世界上有很多人因为遭受饥饿而死去，也还有很多人仍然处于粮食匮乏的状态，但承认粮食安全在稳步进展这一事实也很重要。

然而，取得目前的进展是有代价的。我们种植、运输和消费粮食的方式给行星边界带来的影响，比其他任何方式都大。农业是温室气体排放的最大来源之一，是森林砍伐和生物多样性丧失的最大驱动因素，也是迄今为止世界上最大的淡水消耗部门。在农业生产过程中，过量的化肥渗入空气、河流、湖泊以及海洋中，造成大量的死亡地带，导致更严重的全球变暖。

很明显，农业的发展对地球不利，也越来越不适合人类。我们日益远离当地产当地消费的农业模式，转而增加了对几个主要粮食生产国的依赖。一方面，全球近十分之一（9%）的人仍然处于粮食

第6章 粮食变革——使粮食系统对人类和地球更健康

匮乏状态,有8.21亿人营养不良;另一方面,令人吃惊的是,20亿人,也就是地球人口的四分之一,目前处于超重或肥胖状态。[1] 2017年,全球死亡人口中8%的人死于肥胖。[2]

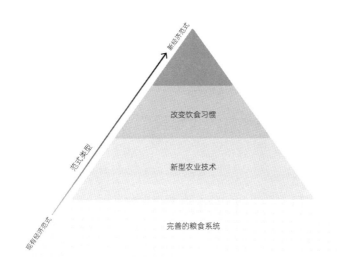

图6-1 粮食变革

再生农业和可持续集约化技术带来了更健康的土壤和生态系统;同时消费者从食用谷饲肉类的饮食习惯转向营养更丰富、更健康的饮食,进而解决粮食系统的浪费问题。

这一非同寻常的粮食变革聚焦于3组解决方案。

农业生产需要迅速转向可持续集约化和再生技术相结合的模式。农场需要少花钱多办事。生物多样性和森林碳汇是无价的,为了保护它们,我们必须停止土地扩张,而且农田本身必须成为巨大的碳储存库,而非巨大的碳排放源。在公海中,必须避免鱼类种群崩溃,同时对于沿海水产养殖项目,也必须控制其污染和对海洋栖息地的侵蚀。

营养过剩的人群需要健康、低碳低脂的饮食；而营养不良的人群则需要摆脱缺乏食物的困境。世界各地的人们都需要获得在行星边界内所生产的安全、营养的食物。

我们必须从粮食生产—分销—商店零售—消费者餐桌—垃圾桶的整个食物链上应对粮食浪费问题，因为大约三分之一的粮食在田间地头、渔网间和餐桌上被浪费掉了。

这种向新型粮食系统模式的根本变革，将是历史上最引人注目的变革之一。

消耗地球的生物圈

未来，随着人口增长，我们每走一步都要非常小心。人类正在切割和简化地球生物圈——我们的生命支撑系统——以服务于人类的粮食生产和物质消费。如果按总质量来计算，地球上约96%的哺乳动物是人类（36%）和以牛、猪为主的牲畜（60%），目前全球只有4%的哺乳动物是野生的。[3]换句话说，我们喂养的牲畜与野生哺乳动物的比例是15∶1。

人类对土地的占用和消耗规模巨大。在地球上，陆地表面积的10%是冰川和冰原，约19%是贫瘠的土地——裸露的岩石、沙漠和盐滩，而剩余71%的土地被当作了可居住用地。人类目前已经占用了大约一半的可居住土地用于耕种，同时我们又以其他方式改变或

第6章 粮食变革——使粮食系统对人类和地球更健康

干涉了其余大部分土地的原貌。[4]仅就畜牧业而言，我们所使用的土地面积相当于南北美洲面积的总和。在海洋中，大约90%的鱼类种群要么被过度开发，要么被完全开发。[5]快速增长的水产养殖业每年都要占用比之前更多的沿海空间。谈到飞禽，若也按质量计算的话，全球大约有70%的鸟类是养殖家禽，仅30%为野生鸟类。我们竟然生活在一个满是家禽的星球上。[6]

但是，粮食生产和森林砍伐的影响远不止是吞噬地球上的生命那么简单。全球大约四分之一的温室气体排放源自土地使用。农业用水约占了取水量的70%。还有最主要的影响——污染。由于化肥的过度使用，水生死亡区域不断扩大；农业直接导致了湖泊、河流、海洋中78%的区域的富营养化。

也许，为了让数十亿人能够吃到营养丰富的食物，实现健康长寿，上述这些对地球的影响是必经之路？可是结果表明，如此规模的影响既不必要，也不健康。

今天的粮食危机只是问题的一部分，今后我们还会面临更多的挑战。在目前的粮食体系下，联合国粮食及农业组织（FAO）估计，随着人们越来越富裕，对肉类的需求也越来越大，到2050年，世界需要增加约50%的粮食产量，才能养活不断增长的世界人口。[7]虽然有一些人质疑所需增加的粮食量太高，但毫无疑问，在未来30年里，随着需求的增加，我们还将越来越多地受到极端事件的冲击。几乎可以肯定的是，在21世纪，地球上的潮湿地区将变得更加潮湿，干燥地区将变得更加干燥。这意味着在容易发生洪水的地区会发更多洪水，而容易干旱的地区则会更加干旱。无论哪个都将对粮食生产造成严重的灾难。历史上，文明的兴盛衰落与生死存亡，都取决于当时的领导人如何管理稀缺的水资源。

目前的粮食系统不仅不可持续，而且非常脆弱，因为它对单一作物、化肥和化石能源的供应都依赖于脆弱的全球贸易。无论是谷物等主粮作物，还是肉类和石油，都在全球范围进行贸易：许多国家严重依赖从俄罗斯、乌克兰、澳大利亚、阿根廷和美国等少数几个"粮仓"进口粮食；磷肥通常从摩洛哥（西撒哈拉地区）、美国和中国进口；氮肥通常从天然气储量丰富的国家进口，如俄罗斯和乌克兰；运行农业设备所需的石油也是由少数几个国家供应。一旦这些国家出现粮食减产或受到战争影响，全球供应链就会遭遇"瓶颈"。

崩塌的粮食系统将直接体现在食品价格上。全球作物和经济模型预测，到2050年，由于气候变化，谷物价格将上涨29%，除非立即大幅削减排放。除此之外，长期干旱等极端气候会产生连锁反应。社会动荡与食品价格密切相关。[8] 2010～2011年的"阿拉伯之春"运动时期，高粮价是迫使人们走上街头抗议并最终推翻该地区政府的一个重要因素。当时，俄罗斯、乌克兰、中国和阿根廷等国因严重的旱灾导致小麦收成减少，同时加拿大、巴西和澳大利亚的暴雨造成了类似的影响，结果引起粮食价格暴涨。

在低收入国家，社会紧张局势与粮食价格之间的联系尤其紧密。许多商品（如石油）的价格上涨时，人们就会减少消费，但食品消费是与收入无关的，因为人们无论挣多少钱都必须吃饭。最新研究表明，在低收入国家，国际食品价格的上涨导致民主制度的严重恶化，反政府示威、暴乱和国内冲突的发生概率显著增加。[9]当然，在社会紧张局势加剧、经济机遇匮乏和冲突不断的时期，另一个风险，同时是合理的应对策略是移民。只是在这种局势下，移民可能会产生溢出效应，导致世界其他地方的社会紧张局势和政治动荡加剧。

2010年出现的多个"粮仓失败"事件令人震惊。这是小概率事件吗？还是说随着地球变暖，这样的事件会越来越多？目前的科学技术正在更好地应对世界粮仓失败所带来的风险及对未来的影响。在亚洲、北美和欧洲最重要的粮食生产地区上空，有一股快速移动的气流，随着地球变暖，这股急流的速度正在放缓，并开始表现出奇怪的现象。在急流下方运行的天气系统可能会停滞，从而加剧当地的天气状况。例如，以前的高压天气可能只会给欧洲带来几天的温暖天气，而现在，这些高压天气会在欧洲持续数周，并带来毁灭性的热浪。更重要的是，降雨或者干旱的天气状况很可能同时在世界多个地区出现并停留。全世界多个粮仓的失败是目前粮食生产面临的最大风险之一，这让许多气候科学家夜不能寐。

我们在农业方面面临着三重挑战：一是生产更健康的食品；二是不破坏地球环境；三是建立有弹性的生产系统，足以抵御不断增加的冲击。放眼未来，我们可以看到：粮食需求是由人口增长和收入增长共同驱动的；我们越来越依赖于少数几个粮食生产国；收入状况也会推动饮食偏好走向西方饮食；农业发展会不可避免地受到土地稀缺、水资源短缺和土壤质量差等条件的限制；气候变化也将影响粮食产量，影响疾病在农作物之间以及牲畜之间的传播。在此过程中的数次冲击，其中影响巨大又难以预测的"黑天鹅事件"表明，粮食体系亟须变革，以应对目前该体系的脆弱、波动和风险；粮食体系也亟须重建，来增进复原力、粮食价格稳定和人类福祉。虽然没有简单的解决方案，但我们认为以下三个建议方案是推动大规模变革的最重要杠杆。当然我们还没天真到认为这些是唯一手段，但当涉及人类福祉、尊重行星边界和缓解社会张力时，这些方法是最具性价比的。

方案 1：彻底改变我们的农业耕作方式

颇富传奇色彩的生物学家爱德华·威尔逊（E.O Wilson）曾提出，用不超过半个地球来满足人类需求。他说："半个地球"（Half-earth）的方案提供了与问题严重性相对应的第一个紧急解决方案，即通过留出半个地球作为保护地，我们就可以拯救环境中有生命的部分，并达到我们自身生存所需的稳定。这是对人类的探索，并得到了行星边界科学的支持。在改造和开发了大约50%的陆地自然生态系统之后，人类已经越界，边界之外即是肆意扩张土地利用、生物多样性丧失和营养过剩。

回到安全边界内的唯一途径，是农业停止向剩余的森林和湿地扩张。警示人类的红灯早已亮起，亟须停止农业扩张，这对未来社会的耕作方式、对未来粮食系统的复原力以及最终如何在不增加物质足迹的情况下养活更多人都有深远影响。

为此，我们提出在"人类世"粮食生产的六项原则：第一，最重要的原则就是宏观层面上不再扩大粮食系统，我们必须"事半功倍"；第二，在未来10年左右的时间里，农场必须成为碳储存地，而不是成为一个巨大的碳排放地；第三，必须在农场促进丰富的生物多样性；第四，我们必须使土壤恢复健康，因为人类文明的未来取决于土壤的健康；第五，我们必须管理海洋和淡水资源，以增强其自身复原力；第六，如果情况允许，我们必须更多支持粮食当地生产、当地消费的模式。

要想满足这些原则的要求，就意味着要彻底改革目前失败的粮食体系。现代农业系统实际上是一个高"通流"系统。化肥及其他化学物质和水在化石燃料能源的驱动下流经该系统，并将废物排放到土壤、水道和大气中。这个系统需要从"线性"转向"循环"、从破坏性转向再生性。可喜的是，目前针对粮食体系的现状，已经有了许多解决方案，并于近年来在一些比较受欢迎的耕作方式中也得以运用。

这些方法中的关键是再生农业系统和可持续集约化技术。两者与传统农业技术相比，对地球环境和生态都更加友好。可持续集约化技术的重点是在改善生态保护系统的同时，最大限度地提高作物产量。在此过程中，要结合、采用现代技术及采用循环系统来减少废弃物的排放。再生农业系统是一个总称，它包括从生态保护农业到有机农业的一系列农业系统，其重点是促进土壤健康、农作物多样性以及恢复生态系统。这里需要指出的是，目前关于"再生农业"（Regenerative Agriculture）还没有一个广泛的、公认的定义。[10]

通常，在这套系统中，农民会使用一系列技术来使土壤更健康，这些技术包括种植覆盖作物、作物轮作和堆肥等。为了保护土壤中珍贵的碳资源以及埋在地表下的真菌网、微生物、蠕虫和其他土壤"功臣"，农民很少或基本不犁地，而是把种子直接放到土壤里。

越来越多的农民采纳了这些想法。在经历了几年反常的风暴和农作物歉收之后，北达科他州农民加布·布朗（Gabe Brown）利用再生农业拯救了他的农场。他将土壤中的碳浓度从每英亩有机质不到2%提高到11%以上。[11] 20多年来，他既帮助应对了气候变化，同时提高了自己农场的产量。

采用"再生农业"耕作模式的农民还实施了再生生态系统的放牧方式，他们让牲畜与土地的比例保持平衡，并创造出一种环境，让牲畜至少在一定程度上模仿野生动物在土地上起到的作用。比如，野生动物在移动过程中会使土壤松碎，传播附着在蹄子上或者粪便中的原生种子等。农民还在农田里种植各种树木，以减少水土流失，更好地保留地下水，为牲畜遮阴，同时能结出果实或提供木材。

土壤研究人员普遍认为，这些技术改善了土壤质量，而且健康的土壤保留了大量的碳储备。[12] 正确的耕作方式还可以增加生物多样性，通过生态系统循环养分、过滤水资源，并提供其他环境效益。草食家畜为工厂化养殖，以谷物为食的牲畜作业提供了另一种选择，后者对环境、医疗和动物福祉的影响是众所周知的。它也是富裕国家减少工业化谷饲肉类消费的重要组成部分之一。

在很多地区，"可再生农业"耕作模式也提高了粮食作物的适应能力。通过使用适合当地条件的种子品种，农民可以用更少的投入获得更高的粮食产量。尽管气候变化加剧，他们也不易受到作物歉收的影响。

第6章 粮食变革——使粮食系统对人类和地球更健康

2015年，一位从印度当地农业部门退休的公务员维贾伊·库马尔（Vijay Kumar）开始与印度的小农户合作，探索如何更好开展农业。如今，他与印度9个州的数百万农民合作，帮助他们转向再生农业，他称之为"印度社区管理自然农业"。在他的帮助下，小农户们坚持遵循以下原则——尽量减少对土壤、覆盖土壤的生物以及土壤中活根的干扰。社区管理自然农业最大的收益点是增加了土壤的湿度。农民可以全年收获农作物，增加了3倍的收入，同时低碳环保。[13]

米利翁·贝拉（Million Belay）提倡在非洲使用一种简单的农业生态学方法。他认为在非洲大陆，它可以帮助贫困农民将生产力提高一倍，带来真正的粮食安全，并帮助将碳储存到更容易遭受饥荒的地区。[14]

正如21世纪转型经济学委员会成员亨特·罗文斯（Hunter Lovins）总结的那样，"再生农业"系统不仅为牲畜和农民提供了高质量的生活，而且确保了土壤的肥沃、无处不在的野生动物、丰富的水资源和一个更加凉爽的地球。简言之，它是未来希望的保障。

不过，我们需要的可不止这一项农耕解决方案。要想使粮食变革以必要的速度和规模实现，需要综合运用农业技术及其他合理且明智的技术。

可持续集约化技术可以提高粮食产量，同时将不利的环境影响降至最低，且无须投入额外的非农业土地。它不用推行任何特定的农业生产方法。[15]无论是否使用杀虫剂或人工肥料，都可以实现以上目标。[16]目前关于人工肥料的情况是在高收入国家，人工化肥的过度使用正在破坏生态系统，必须加以削减；然而，在低收入国家，粮食生产的问题是产量低和缺乏足够的肥料。这些地区迫切需要更多的化肥，至少在粮食得到保障和考虑土壤完全再生之前是这样，但新技术的应用确实可以大幅减少粮食生产对化肥的需求。可持续集约化耕作模式还优先考虑了气候适应技术，这对未来应对干旱和洪水等灾害尤为重要。因此，将化肥的使用量从富裕国家转移到贫穷国家将增加粮食产量，且不会增加碳足迹。这是真正的双赢。

无论采用何种耕作模式，卫星、无人机、湿度传感器、机器人等技术无疑将在 21 世纪粮食系统的演变中发挥重要作用。我们已经看到了精准农业革命的开始。农民可以使用卫星定位精确投放化肥，并获得实时数据，这减少了化肥流入小溪和河流的径流。农业灌溉也可以获得更仔细的监测和管理，以优化农场用水。回报最快的技术之一就是在拖拉机上安装 GPS，这样农民就能很容易地知道哪片区域已被覆盖，哪片区域还有缺口。在城镇，垂直农业技术的使用可以小面积实现高产量，生长期短且用水少。因此，当务之急是引导这项技术革命，来支持和推广健康的、减少粮食足迹的可持续饮食结构。

在 Earth4All 模型中，我们假设这些可再生和可持续集约化的耕作方式每 10 年上升一台阶，逐渐被广泛采用，从而导致粮食产量增加以及其他与土壤健康和生物多样性相关的效益。这可以通过农业政策的改变来实现。例如，通过补贴来推广这些耕作方法，通过教育推动更广泛的农民和农业行业行为改变，以及随着价格下降，新技术和知识交流呈指数级增长。

Earth4All 模型可以让你在几乎不使用化肥的情况下,增加传统农业用地转变为可再生或可持续集约化农业用地的比例。另外,我们要考虑的是需要多少年才能达到 Earth4All 模型中所设想的。要想实现"阔步快进式"场景的设想,80% 的农业用地必须在 2050 年以前进行改造,这远高于 2020 年的基线。但按照目前的趋势,我们只能实现"碎步迟行式"场景中 2100 年前对 10% 农业用地进行改造(调整数字 80% 和 10% 以匹配最终模型的运行结果)。

方案 2:改变我们的饮食

西方饮食正在占领全世界。这种饮食充斥着加工肉类、饱和脂肪、盐分、玉米果糖糖浆、精制谷物以及酒精饮品等,缺少水果和蔬菜的摄入,这种西式饮食价格便宜且被大肆宣传为中产阶级梦寐以求的饮食,被视为成功和财富的象征。西方饮食起源于工业革命,它与肥胖、糖尿病、癌症和心血管疾病都有关联。

我们的目标是摆脱有害的西方饮食,转向更丰富、更多样化的饮食,以降低这些疾病的风险,并减少破坏地球稳定性的风险。饮食转变还必须伴随着更公平的分配,使生活在粮食匮乏和其他缺少服务地区的人能够负担得起并且能够获得健康的食品。

我们的研究分析表明,在不进一步扩大农业用地的前提下,地球上有足够的空间为至少 90 亿人提供健康、营养的饮食。事实上,我们的研究工作建立在 EAT 组织和《柳叶刀》组成的健康委员会对可持续粮食系统中的健康饮食进行开创性分析的基础上。最终,这意味着在某些地方控制肉类和奶制品的过度消费，并不意味着强迫任何人成为素食主义者。

21世纪转型经济学委员会成员安德鲁·海恩斯指出：从典型的西方饮食转向全球健康饮食，这不仅是减少肉类消费，也包括大量增加水果、蔬菜、豆类、坚果和种子类食物的消费。这些转变会带来许多健康益处。有了这些转变，到2040年，每年可以避免约1000万人的过早死亡。[17]更重要的是，仍有数亿人处于营养不良状态。因此，全球健康饮食必须同时聚焦消费不足和过度消费的问题。

海洋是健康食物的另一个重要来源。目前，30亿人所摄入的动物蛋白中有20%是从海产品中获得的。可持续的水产食品可帮助2亿人预防微量营养素缺乏症。根据发表于《自然》杂志的《2021年蓝色食品评估》，到2050年，全球对海产品的需求大约将翻一番。[18]

在向全球健康饮食过渡的过程中，一些新创新可能会发挥重要作用。基于植物的牛奶替代品越来越受欢迎，且越来越多地被市场营销并被视为"梦寐以求"的食品。基于植物的"实验室种植"牛肉和鸡肉替代品也是如此。我们也可能在"精密发酵"领域迎来一场创新革命——由微生物直接生产通常从牛、羊、鱼类或禽类身上才能获得的蛋白质。"精密发酵"利用大量的几乎未开发的各种酵母、真菌、菌丝体和微藻作为宿主，生产与动物蛋白相同的成分，如蛋清或乳制品。联合国政府间气候变化专门委员会2022年的报告表明：新兴食品技术，如细胞发酵技术、人工养殖肉技术、植物性食品替代动物性食品技术以及受控环境农业技术，可以大幅减少粮食生产所带来的温室气体排放。

第6章 粮食变革——使粮食系统对人类和地球更健康

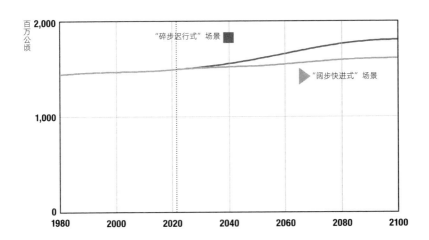

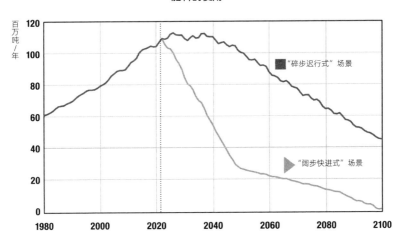

图 6-2　两种场景中全球耕地和肥料使用情况

粮食变革使耕地状态稳定，化肥用量减少，同时为世界提供了充足的粮食。在"阔步快进式"场景中，农业不再扩展到自然区域，森林得以重新生长。随着农业可持续集约化的发展，人们的饮食方式发生变化，可再生农业的规模继续扩大，化肥的使用量迅速下降。

这些多样性的措施、食品技术和创新是有益的，因为它促使人们更广泛地思考他们该吃什么以及为什么这样吃。毫无疑问，这些新兴产业在一些地方的崛起标志着一场重大变革正在开始。在 Earth4All 模型中，我们可以测试未来"气候中和"的情况下，假设肉类占不同比例情况所造成的影响，无论是草饲肉类还是"新型"肉类。为了实现"阔步快进式"场景的设想，我们必须假设，到 2050 年，50% 的肉类来自"气候中和"。在"碎步迟行式"场景中，我们看到，到 2100 年，只有 10% 的肉类发生了变化，这意味着在"碎步迟行式"场景中，"新型"肉类仍然是一个相当边缘化的产品。

方案 3：消除粮食损失和浪费

随着未来人口增长可能达到 90 亿人或 100 亿人，担心粮食生产和使用规模问题在情理之中。在每年仍有数亿人挨饿的情况下，地球能为即将增加的 10 亿～20 亿人提供足够的粮食吗？联合国粮农组织的数据显示，全世界约有三分之一的粮食被损失或浪费，这相当于全球温室气体排放量的 5%，并且这一数字还在持续增长。如果没有重大政策或行为上的改变，预计到 2050 年，粮食浪费的总量将翻倍。[19]

谈到粮食变革的解决方案，减少损失和浪费可以说是最容易实现的目标。问题之所在亦很明了。在富裕国家，一些挑剔的消费者购物时会过度购买，然后丢弃任何有轻微瑕疵的物品。零售商的运营模式诱导消费者过度消费，而且迎合三分之一消费者不可持续的、随心所欲的购买需求。通常，法律法规和素质教育能有助于减少浪费。

粮食种植量超过粮食消耗量，这意味着我们占用的土地本可以更多地用来维持生物多样性。因为在大多数情况下，我们在粮食种植过程中使用化学物质浸渍土地，这不仅消耗和污染了土地，也污染了水道，这一切都毫无价值。所以减少本不应该造成的浪费是第一个目标，但更重要的是，那些没有被食用的粮食应该用于解决饥饿问题，而不是被送到垃圾填埋场。同时，这些没有被食用的粮食还可以被用来造土堆肥，补充动物饲料，或通过沼气操作生成能源。虽然沼气操作并不是解决粮食浪费问题的最高优先级，但它可以成为重要的能源来源。厌氧消化器利用细菌分解无氧反应器中的有机物，可每天将100吨食物垃圾转化为沼气，为1000个家庭供暖一年。[20]

在低收入国家，粮食浪费往往是无意造成的，原因是储存条件差或运输困难。这一点可以通过改善粮食储存、加工、运输以及分发的基础设施来解决。新食品企业也可以想办法解决一次性成熟作物的过剩问题，例如把新鲜杧果变成杧果干。此外，还可以通过大规模使用沼气和堆肥等技术回收养分来减少径流，并将养分循环到土壤中。但是，拿世界某个角落被浪费的食物去喂饱世界另一边挨饿的人，这并不现实。

"阔步快进式"场景呼吁人们到2050年将粮食浪费减少30%。如果将此速度减慢，如到2100年粮食浪费只减少了10%，地球上就会出现"碎步迟行式"场景中所描述的情形。

障　碍

建立一个有复原力的耕作体系存在着许多障碍。

第一个障碍是思维惯性。农民有理由对变革持怀疑态度，这是正常的。对变革管理不当可能对他们的收入造成灾难性的影响，但变革是必要的。以美味的杏仁为例，世界上绝大多数的杏仁供应都来自阳光明媚的加利福尼亚州，这给当地农民带来110亿美元的收入。但最近，杏树得不到充足灌溉，加利福尼亚州也正在经历1200年来最严重的特大干旱。未来几十年，旱情可能还会变得更糟糕。精准灌溉会有所帮助，但最终农民需要让他们的作物适应严峻的气候。这可能是一个缓慢的过程，因为抛弃几代人的智慧并不容易。

第二个障碍是消费者行为，这可能是最大的障碍。随着收入的增长，人们的饮食也会发生变化。"梦寐以求"的西方饮食可以说是地球上最不可持续、最不健康的饮食。当然，消费者的需求可以通过教育和宣传活动来改变，而且大多数人都希望饮食健康。政府也可以通过定价（对糖征税已被证明可以减少碳酸饮料的摄入）、"轻推"策略和其他法规来影响消费者行为。但至少在民主国家，政府不会刻意告诉人们应该吃什么或不应该吃什么。强制推行可持续、健康的饮食似乎不太可能。

第三个障碍是成本。从传统农业过渡到可再生或可持续农业模式可能成本高昂。对于小规模农户来说，变革过渡所需资金往往很

第6章 粮食变革——使粮食系统对人类和地球更健康

难筹得。扩大耕作规模通常需要大量但难以获得的投资。在世界上的某些地区，小农户面临着农业巨头垄断带来的额外经济挑战，这些巨头控制着种子库存，或以其他方式使当地农民陷入贫困，破坏农业的稳定。

与其他变革一样，变革最终能否有进展取决于我们的政治（决策）体系的根本变革，而政治体系反过来又推动了经济体系的运行。粮食变革需要引入新的金融模式，把投资或分红用到管理农业用地、改善生态系统和生产安全健康食品领域。这反过来将驱使就业活动从传统模式转向绿色模式。以再生农业为例，在土壤中捕获碳而不是从土壤排放碳，这为农业创造了新的机会。农民需要金融创新，将碳汇以及他们为社会提供的其他生态系统服务货币化。

消费者可能不得不在食品上花费更多的钱。由此会引发关于正义和不平等的问题；每个人都要吃饭，政府需要提供支持，以确保人们能获得负担得起的健康饮食。新的经济政策（如对必备物品实行定量配给，这样每个人都能以合理的价格获得一定数量的物品）可以确保即使是低收入家庭也能负担得起健康的饮食。新的立法也可以迫使目前工业化的食品生产商将他们多年来强加给社会的更多成本内部化，如处理污染的成本、浪费所带来的成本和由于营销加剧造成的健康成本。这将激励企业有更好的企业行为。

第四个障碍是错综复杂的规章制度。这些制度导致了大量的单一耕作文化、森林砍伐和粮食浪费。为了加速转型，各国政府需要对农业补贴和税收激励措施进行改革，推广以适合当地的种子和品种为基础的可持续的再生农业技术，并鼓励当地种植低碳健康粮食。各国政府还必须采取行动，为精密发酵和细胞农业等创新粮食技术消除市场障碍，使新的动物蛋白能够迅速、安全地进入市场。在这样做的同时，政府需要在转型期间保护食品工业和农业行业的工人。最低限度是监管粮食公司，在整个供应链中落实工人权利。[21] 各国政府还必须削减农业垄断对世界粮食供应的控制，特别是在阻碍农民种植和销售粮食方面。真正的挑战将是为此类行动争取民众的支持。

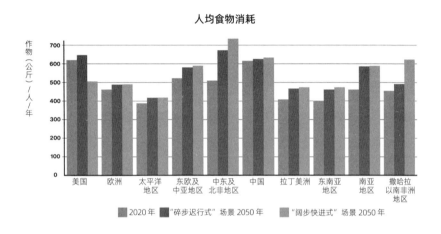

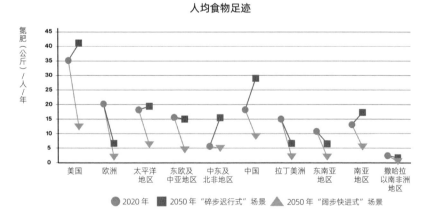

图 6-3　2020 年和两个场景下 2050 年世界 10 个区域的食物消耗和食物足迹

第6章 粮食变革——使粮食系统对人类和地球更健康

结 论

联合国粮农组织表示:"一切照旧不再是一种选择",因为粮食系统正走在灾难性的道路上,而这灾难性的道路是其系统自身设定的。如果不加以控制,西方饮食将主宰世界。饥饿困扰着其他地区。在 21 世纪的某个时刻,我们有可能跨越一个临界点,地球上将有超过一半的人口超重或肥胖。因为这种令人厌恶的结果而受益的,是把我们养肥的跨国公司。但其实这些公司同样可以从提供不消耗地球的健康饮食中受益。锁定未来的唯一途径是积极治理。各国需要愿意为多数人的利益做出强有力的决定,那样随之而来的就是国家粮食安全性的提高。粮食系统的变革对人类和地球来说是双赢的,但这将需要更高的税收(补贴)和更严格的监管(禁止具破坏性的产品)。

考虑到全球粮食安全面临的风险、对积极的政府需求以及加强合作的愿望,我们建议各国政府建立一个"粮食系统稳定委员会",负责在气候危机加剧、流行病越发频繁和各种冲突加剧的情况下,帮助确保粮食系统的复原力。该委员会可以确保危机时期出台短期解决方案,同时指导粮食体系的长期变革。G20 在全球金融危机之后成立了金融稳定委员会。有迹象表明,金融稳定委员会在降低系统性风险方面取得了一些成功,也更好地应对了新冠肺炎疫情。由

G20 或其他国际论坛监督的粮食系统稳定委员会将以粮食系统集体稳定的概念为基础,制定与贸易、碳储存、健康饮食和价格冲击有关的更可持续的政策和法规。

粮食系统正开始转变,迹象随处可见。全球近三分之一的农场已开始进入重新设计阶段,并至少使用了某些符合我们原则的耕作技术,如综合虫害管理、保护性农业、综合作物、生物多样性系统、农林复合、灌溉管理和小块或斑块农业系统。据估计,全球约有十分之一的农业用地正在发生这些转变。[22] 也许这是一个向更加可循环的、可再生的农业系统转变到达的早期迹象,但仅有这些还无助于减少食物浪费或鼓励健康饮食。首先,我们需要确保转变的规模,以便在世界上许多地区大幅减少人们的挨饿现象,以及在高收入国家减少人们不健康饮食的摄入。

总而言之,我们面临的挑战是改变全球粮食系统,使其能够安全可靠地为约 90 亿人提供营养丰富、健康可口的食物。[23] 这意味着不占用额外的陆地或海洋,以保护剩下的野生动物。这还意味着在富裕国家减少淡水的使用以及氮磷肥的过度使用,同时在不进一步增加其他温室气体排放的前提下,转向实现二氧化碳"净零"排放。[24] 这意味着最终把我们的农民当作生物圈管理员来对待并给予补偿。

7

能源变革 ——
让一切电气化

人们常常对社会不能以所需的速度和规模从全球经济中清除化石燃料而感到震惊。值得记住的一点是，现在需要的是彻底重组所有工业经济基础。化石燃料既是工业革命的核心，也是实现经济增长从而摆脱贫困的基石。呼吁采取行动是完全正确的，但转型总是困难重重。最重要的是，化石燃料行业在社会中的独特地位意味着它已成为全球最强大、最具影响力的行业。

本书讨论的第五个（也是最后一个）变革是我们针对经济的一个基石（能源）进行的彻底的重组。根据《巴黎协定》将全球变暖幅度控制在 2℃ 以内的目标，要求从 2020 年起每 10 年将温室气体排放量（全球水平）减少大约一半，到 2050 年接近于零。[1] 这不是因为它的强制性（《巴黎协定》仍支持自愿原则），而是因为它的必要性。

第7章 能源变革——让一切电气化

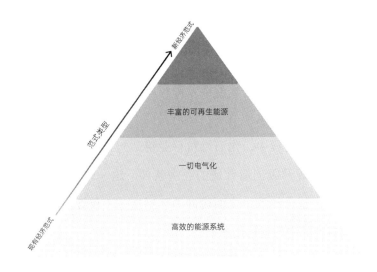

图 7-1　能源变革

热能、工业流程和运输向可再生电力和由此衍生的能源载体（如绿色氢）过渡。由于零边际成本，对丰富的可再生能源和能源存储的大量投资使电力变得更便宜，如"免费"的太阳能。

在当前的经济范式中，最重要的一步是提高效率。就像粮食一样，其中有很多都被浪费了。分析表明，如果实现所有能源效率，2050 年全球能源需求可能比现在低 40%。这是能实现的，而且能让所有社会都能获得充足的能源。[2]

推进新的经济范式，一个好的经验是把一切都"电气化"，同时快速地扩展可再生能源和能源存储以提供充足的能源。任何曾经需要燃烧化石燃料的产品都得被淘汰掉。浓烟滚滚的发电站，嘈杂且污染严重的内燃机以及效率低下的锅炉和加热器，这些都将一去不复返。取而代之的是太阳能屋顶和太阳能发电厂、旋转的清洁风力涡轮机、电动汽车和大众运输系统，以及从电池到抽水蓄能的储能解决方案。"抽水蓄能"就是使用可再生能源将水抽入水库中，以确保充足的备用能源。

在这种转型中，一个重要部分是转向更有意识的生产和更少的消费。我们不仅需要电动汽车，还需要更小的交通工具以及车辆更少的道路。在此过程中，化石燃料行业将站起来反击。若是没有国家积极地为能源升级创造合适的经济条件，这一转型就不会发生。我们还需要在整个经济中全面转向循环制造，不仅要回收材料，还要全面减少产品中的材料用量。

一个极好的消息是，当今世界已经处于全球能源系统历史上最深刻、最迅速变革的风口浪尖。清洁能源技术在各地都呈指数增长。令人难以置信的是，2021年，风能发电和太阳能发电占世界总发电量的10%；而2016年这个数字还只是区区5%。照这样翻倍的速度，风能发电和太阳能发电将在2030年初占所有电力供应的一半。关键问题在于，这一变革是否够快、够公平。

挑　战

能源变革的首要挑战是公平。化石燃料带来的二氧化碳排放量，仍徘徊在每年350亿吨左右。但只有当我们对这个数字仔细剖析时，方能识得庐山真面目。

富裕国家仅占全球人口的一小部分，却造成了全球约85%的二氧化碳排放。[3]虽然有人认为，世界之前并不知晓这些风险。但自工业革命开始以来，化石燃料和水泥行业所排放的二氧化碳中，有一半以上是1990年以后排放的。[4]早在20世纪50年代末和60年代初，科学家就第一次敲响了警钟。到1988年，人们对碳排放的关注程度如此之高，以至于成立了第一个政府间气候变化专门委员会。1994年，《联合国气候变化框架公约》生效。

目前，富裕国家做出的2050年"净零承诺"并没有解释历史排放量的巨大差距，也没有解释富裕国家基本上已将其排放量转移到其他国家，而这些国家现在正生产它们消费的大部分产品。这不仅不公平、不公正，还意味着一小部分富裕国家的碳排放量将继续在海外增长，即使这些国家在未来30年间将它们的排放量减少到零。

如果不考虑低收入国家的合理担忧，就不会发生朝向一个健康星球的能源变革——无论是"公正"方面还是在其他方面皆如此。[5]这意味着，需要改变投资的流向。但全球金融体系已被操纵，这有利于高收入国家、富裕的精英和化石燃料公司。正如本书第三章"向贫困诀别"所述，全球金融体系需要改革，以支持低收入和中等收入国家的能源转变。这意味着通过补贴和监管降低对低收入和新兴市场的投资风险，从而使它们在经济上具有吸引力，并且没有极高的借贷利率。

公平在其他方面也很重要。例如，男性的碳足迹往往比女性的多。种族也是一个因素。在美国，白种人社区的碳足迹往往高于非裔美国人社区。[6]碳足迹往往与收入密切相关。富裕国家最贫穷的人的碳足迹相对较小，而低收入国家的亿万富翁的碳足迹非常高。在全球范围内，最富有的 10% 的人的碳足迹相当于最贫穷的 50% 的人的碳足迹。1% 的超级富豪的奢侈碳消费占全球碳排放量的 15%。这种奢侈的碳消费被宣传为成功、活力和幸福的象征。若对此不加以改变，在地球上剩余的时间里，留给人类微不足道的碳预算可能会被私人飞机挥霍一空。

除了上述不平等外，化石燃料行业也有悖公平。国际货币基金组织的数据显示，考虑到直接成本和间接成本，包括空气污染的健康成本和气候变化的成本，煤炭、石油和天然气行业每年获得的补贴高达 5.9 万亿美元。[7] 我们需要合适的竞争环境，以支持更清洁的能源替代品。应对这些挑战将需要政府有意愿积极地重塑市场（从取消不正当补贴和公平定价碳开始）并制订出长期能源计划。

最后一个挑战是，能源系统的转变可能会破坏社会稳定。如果取消化石能源补贴或能源成本因其他原因上升，受影响最大的将是最贫穷的大多数人。我们可以预见，也可以理解，这些人会对能源政策做出何种反应。随着煤炭行业的关闭，政府将需要投资于再培训和区域重建，正如西班牙和德国正在尝试的那样。化石燃料公司面临着"搁浅资产"的真正威胁，即价值数万亿美元的管道、矿山和石油钻井平台，如果石油留在地下或金融资本迅速退出该行业，这些资产可能会变得一文不值，从而对金融业的稳定产生严重的影响。

第7章 能源变革——让一切电气化

"不要抬头看"

所有这些也许有助于理解为什么两个世纪以来，我们一直在地下寻找能源，而不是抬头看太阳或者风力能源。这种心态需要改变。我们需要消除一些关于升级到清洁能源的错误认知。

误区1：认为能源转型很缓慢。从生物质到煤炭、从煤炭到石油的过渡，花了大约60年的时间。我们并不是从零开始。我们已经进入可再生能源转型期30年。重要的是，我们已经达到指数曲线的一个关键拐点。此时，没有补贴的再生能源的成本与化石能源的成本相当——至少在有吸引力的地区是如此。除此之外，如果有正确的政策激励举措，政府资助再加上进一步的技术突破，将加速现有趋势。

误区2：认为许多行业"难以实现电气化"。例如，长途货运、航运、水泥和钢铁制造等，曾被认为是最难脱碳的行业。新的解决方案可以在提高效率的同时，几乎可以从这些行业中完全去除碳。不过，这是要付出代价的。

误区3：认为人们的行为很难改变。此次全球新冠肺炎疫情表明，人们的行为和商业模式都可以非常迅速地改变，并带来诸多好处，如在家工作不仅可以减少通勤碳排放和交通拥堵，还有助于在获得适当支持的情况下兼顾工作和家庭生活。

误区 4：认为电动汽车不如燃油汽车好。电动汽车在速度和加速度方面往往比燃油汽车性能更好。它们可以定期升级，污染更少，甚至更可靠；一台电动机和传动系统可能只有 20 个运行部件，而燃油汽车的内燃机有多达 2000 个部件，因此电动汽车发生部件故障的可能性更小。

误区 5：因清洁能源的间歇性就认为它不可靠。许多研究表明，太阳能或风能的不稳定性可以通过建设超出需要的发电容量、使用储能系统以及创建广域传输的超级电网来抵消。其他因素也可以确保供应。当然，在过去两代人的时间里，核能已经被证明可以提供稳定的电力。

因此，有些认知的盲区已经被打破。我们已经表明，所涉及的成本是可以接受的。下面让我们探讨一下我们在 Earth4All 模型中研究的解决方案。

解决方案 1：引入系统效率

无人需要钢铁、水泥或汽油；人们需要舒适的住宅、办公室和其他建筑，以及这些场所之间的移动方式。人们需要做自己的工作，见朋友，获得各种各样的服务。换句话说，人们需要的是能源和材料所能实现的功能。2018 年，阿努尔夫·格鲁布勒（Arnulf Grubler）和他的同事发布了一个开创性的能效场景。他们关注的是最终用途需求，而不是供应。人们想用能源做什么？他们的场景是基于全球对更高生活质量的渴望和当前技术的指数级趋势，如向智能手机转移——智能手机将多种服务（电视、互联网、电话、地图工具）整合在一起，且能源需求较低。考虑到南北方国家的需求，假设低收入国家的人希望获得与高收入国家相同的服务，该团队计算出，尽管人口不断增加，富裕程度不断提高，在2050年，如果所有杠杆都被拉下，最终能源需求可能会比今天低40%左右。[8]这非常了不起。当前对能源需求将持续上升的描述并不可尽信，也不是最理想的结果。

系统优化以提高效率，不仅可以节约能源，还可以减少使用的材料，降低空气污染。我们随处可见能效。大多数的城市旅行都是短途的。在拥挤的城市里，单人驾驶大型车辆出行并不是最有效的出行方式。重新设计城市交通系统，如提供自行车、步行、高效的公共交通以及共享交通，将减少排放，改善健康，还不必增加通勤时间。无论贫富，人人都可以在城市里呼吸到更清洁的空气。在家里，相比增加空调或加热器，改善保温层是更好的解决方案。翻新和再利用比拆除更好。在建筑物内，扩大采光比开灯等更明智。无论是交通、建筑、供暖还是材料，在所有这些能源消耗部门，彻底提高系统效率的潜力都是巨大的。[9]

但是，将内燃机车换成电动汽车，并不是交通运输问题的最优解。这仍会引起拥堵，同时造成大量的足迹。全系统的转变意味着，电动汽车和备受赞誉的自动驾驶汽车虽可能占有一席之地，但也应该是众多出行选择之一。不要干等着可飞行的出租车了，不管它是电动的,还是别的能源驱动的。这并不能解决地面上的拥堵问题,而是为引发新问题创造了空间——天空中的更多拥堵。在可步行的宜居城市,重点建设密集的自行车道和公共交通基础设施。

在我们正经历的指数时代,清洁能源技术将与其他新兴技术混合,这二者相结合的直接影响——它们的综合效应可能会提高能效。再次呼吁,开车吧。欧洲的汽车平均92%的时间停在稀缺的市中心土地上。汽车共享系统使用移动电话技术共享数字钥匙,可能将消费者对汽车的需求从拥有汽车变为移动服务。当无人驾驶汽车成为主流,这可能会加速从拥有汽车向移动服务的转变,减少城市街道上的汽车数量。在加利福尼亚州,这可能比卡拉奇(Karachi)更容易想象,但指数型技术的倡导者对我们发出如下正确的提醒——在低收入国家和富裕国家,这些技术相结合使我们的智能手机加速接入互联网。

解决方案2:"让一切电气化"

应对气候危机的首要原则很简单,就是尽快停止燃烧煤炭、石油、天然气和树木。环境伦理学家比尔·麦克基本(Bill McKibben)建议我们增加第二条规则——绝对不要建造任何与火焰相连的新东西。[10] 相反,我们应在需要能量的地方用电子取代碳分子。

解决方案1中提出了提高效率的理由,但我们的第二个解决方案是,作为一般经验法则,将当今燃烧碳的所有东西电气化。

从分子转变为电子。这通常会更有效率。在城市，大部分能源需求来自交通和建筑行业。这些领域的解决方案已经市场化：完全从内燃机转向电动汽车，用热泵替代燃烧器进行加热。电动发动机的效率已经是化石发动机的 3～4 倍。与化石供暖相比，热泵的效率更高。电气化越彻底，能源需求就越少。这是一条普遍经验法则：所有行业，如钢铁生产或航运行业，都没有简单的电气化解决方案。但这些领域中，绿色氢和氨可以取代化石燃料；大型钢铁、化肥和航运跨国公司已在着手寻求解决方案。尽管如此，鉴于可再生能源前期成本仍远高于传统燃料，故仍迫切需要大量政府支持来推动这一进程。

我们可以利用太阳能、风能和电池的扩展潜力，将产业过渡为新的清洁能源系统。这里的红利是一个长期快速降低运营成本的机会——在这个系统中，清洁能源在一年大部分时间里几乎为零边际成本。总而言之，面临的成本障碍是暂时的，一旦跨过障碍（以及相关的前期投资成本），我们将更临近一个电子"仙境"——能源的单位成本更低。

但必须认识到这一转变的风险。在新的采矿作业中，如果没有人为开采，怎么可能发生这种情况？若没有采矿业和其他采掘业的破坏性扩张和污染，它又如何开展呢？在向新技术的转型中，转型过程必须纳入调整补偿和公正机制。

解决方案 3：新可再生能源的指数增长

清洁能源模式的彻底转变要求替代化石能源。如果你看看能源的最终成本，你会发现在世界许多地方，可再生能源是当今最廉价的新发电来源，它们的市场趋于成熟，将在价格和性能上超越现有的化石燃料企业，同时大幅减少污染。[11] 但是，只有政府提供必要补贴，前期投资成本才可能降到低于化石能源的成本。幸运的是，这种情况正在发生。风能和太阳能在全球能源结构中的份额每 5 年翻一番。越来越多的能源专家指出，指数级的技术变革终于到来了。[12]

可再生能源技术成本不断下降，因为它们遵循"学习曲线"。总装机容量每翻一番，其成本就会下降 20%～25%。但化石燃料技术生产的电力并没有这样的学习曲线。燃煤电站背后的技术几十年来几乎没有改变，因为它们已经完全成熟。创新速度不同的另一个原因是，化石燃料基础设施和工厂往往十分庞大，臃肿不灵活；相比之下，像智能手机或电动汽车这类技术，具有快速的创新和营销周期，风能和太阳能也是如此。因此，在未来几十年里，可再生能源似乎将持续比化石能源便宜，并在越来越多的应用和领域中超越化石能源。

指数转变并不是增加更多的太阳能电池板或风力涡轮机，而它是关乎多项数字化和颗粒技术如何以系统的、自我强化的方式相互作用，以及由此产生的结果。考虑到智能电网和超级电网（广域传输网络)的并行投资,利用太阳能、风能和电池解决方案以满足世界大多数地区的电力需求是可行的。这意味着,太阳能电池板将"无处不在",安装于已建成的基础设施上,并与输电和储能相结合。能源储存将有多种方法:化学和重力电池、泵送的水、热或压缩空气,或将前面所有方法相结合。

重大的挑战依然存在,如采购额外的金属、材料和融资扩建成本。尽管任何以维持人类文明为前提的现实的工业变革都无法绕开这一障碍,但在公正和无剥削的前提下,这一目标肯定可以实现。[13] 可是,若没有政府的支持来加速这一进程,这一目标是很难实现的,所以事情会在世界变暖之前发生。

在我们结束对解决方案的讨论并开始探讨障碍之前,我们还想探索实现能源超级丰富的潜力。新的可再生能源的加速发展——这一令人兴奋的能源转变是新能源供应和网络过度建设,从而超越当前需求的结果。随着太阳能、风能和电池成本的下降,我们以近零的边际成本实现了清洁能源的"超级富足"。不必担心能源供应中断,这预示着我们可能突破一个我们从未见过的新能源系统。它不仅能可持续地满足我们当前的能源需求,还能为当前系统中经济上本不可行的领域实现大范围的电气化。我们可以为碳及碳的捕获和存储系统提供动力,如直接空气捕获以帮助减少过量的大气二氧化碳。这需要超越"净零",创造一个有助于将二氧化碳浓度水平降至工业化前的气候正能量系统。

正如 21 世纪转型经济学委员会成员纳菲兹·艾哈迈德(Nafeez Ahmed)指出:从废水处理、海水淡化到回收再利用,从采矿到制造业，一系列行业和部门的电气化将减少能源消耗，并转向清洁、廉价的电力。这可以带来几乎完全的循环经济，因为有足够的电力来净化和更新废物部分。这是第一次，新系统生产的大量"超级电力"将使我们以之前无法想象的方式，清洁地维持循环经济所需的广泛的新工业流程。[14]

Earth4All 模型分析中的能源变革

上面这三种解决方案能在多大程度上快速推动全球能源变革呢？显然，可再生能源的使用速度将决定化石燃料淘汰的速度。如图 7-2 至图 7-5 所示，要实现从不采取额外行动到实现强劲变革的效果，可采取这些方式——扩大对系统效率的投资，实现全面电气化，以及丰富可再生能源种类。2025～2050 年，"阔步快进式"场景中的全球能源成本（投资和运营的年度总成本）将高于"碎步迟行式"场景中的全球能源成本。但到 2050 年左右，化石能源所产生的全球二氧化碳排放量将降至零。从 2050 年左右开始，每年总能源成本将大幅降低，因为到那时，在太阳能和风能推动下，能源系统将具有巨大的可再生能源能力。

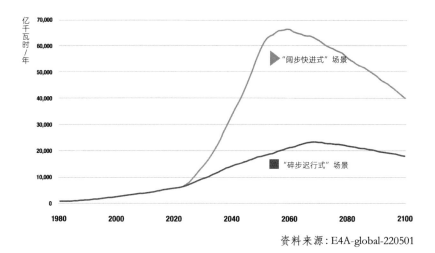

图 7-2　两个场景下的全球可再生能源产量

在"阔步快进式"场景中，全球可再生能源生产和储存量飙升，有助于将"一切"电气化，并为所有人类提供清洁能源。

图 7-3　两个场景下的全球二氧化碳排放量

全球能源和工业生产过程中的二氧化碳排放量在"阔步快进式"场景中迅速下降。

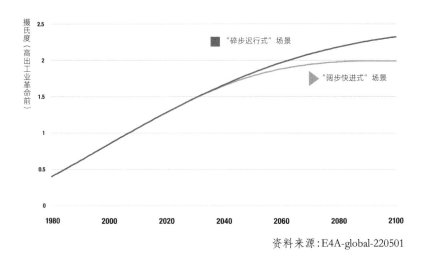

资料来源：E4A-global-220501

图 7-4　两个场景下的全球变暖

遵循碳排放法，到 2100 年，全球温度上升幅度可控制在 2℃ 以内。

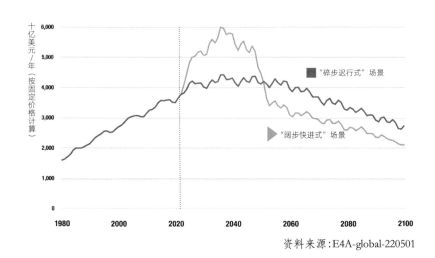

资料来源：E4A-global-220501

图 7-5　两个场景下的全球能源成本

与"碎步迟行式"场景相比，采用"阔步快进式"场景中的解决方案，虽然在最初的几十年会产生较高的能源成本，但从长远来看，成本会显著降低。

障　碍

很明显，能源变革已经开始。最大的障碍不再是太阳能、风能以及其他清洁能源在技术上存在的难度或本身存在不足之处。

第一个障碍是实现"净零"排放的时间紧迫。现在，大多数主要经济体均承诺到2050年实现"净零"排放。中国和印度则分别承诺会在2060年和2070年实现"净零"排放。由于能源升级，同时在某些情况下完成转型的步伐加快，甚至可以想象这些国家会在早于截止日期时就实现目标。尽管谈判时唇枪舌剑，但大多数国家的政府都未能承诺2030年左右将排放量减半，宁愿设定更长远的目标，这远远超出他们的政治视野，从而让我们陷入"碎步迟行式"场景。考虑到降低前期投资成本所需的巨额补贴，因而需要更高的税收或政府债务来融资，这完全是可以理解的。但从长远的全球视角来看，这些补贴微不足道，应该得到一致批准。

第二个障碍是化石燃料行业所获得的巨额补贴及其对造成的损害缺乏责任。保留大部分补贴几乎没有什么逻辑可言（尽管有些补贴是为了帮助低收入群体获得能源，但这些补贴必须重新设计）。

第三个障碍是对碳排放实行公平定价。几十年来，气候和能源政策一直被碳排放定价的理念所主导。碳定价是对一个复杂问题的优雅回应：增加向大气排放碳的成本，让能源市场来解决其余的问题。从传统的经济思维来看，这项政策尽管在纸面上看起来不错，但实际上，它在现实世界中被证明是软弱无效的。自大多数碳交易计划开始实施以来，污染许可证的年供应量一直高于总体污染水平。这一问题的相关政策实施30年后，2020年，全球温室气体排放量中只有20%被一些碳定价计划所覆盖。但这被覆盖的20%的碳排放量中，尚不足5%的排放量（不到全球总排放量的1%）目前的定价水平与《巴黎协定》的温度目标保持一致。[15]公平的碳定价和真正的气候能源政策需要新的思维，我们需要专注于替代性的解决方案，如补贴和禁令。

第四个障碍是碳定价。许多民主国家的政客雄心勃勃地怀揣着能源议程。迄今为止，他们一直努力在国家层面上掌权（虽然州和城市层面的情况往往不同）。有大量调查表明，公众支持政府应对危机的行动，但大多数人会反对更昂贵的天然气或电力账单，且能源贫困是大多数国家真正关心的问题。因此，气候行动受到了严重的政治限制。这种限制不是因为公众对采取气候行动必要性的质疑，而是因为他们不喜欢给低收入群体带来太多负担的解决方案。他们不信任政客、官僚和精英，觉得"统治阶级"蔑视他们。[16]近年来在法国、伊朗、土耳其、尼日利亚、墨西哥、约旦或哈萨克斯坦的示威游行，反对派都是可以预见的。简言之，"减税！"这一口号为政客们创造了奇迹。

这就是前几章提到的"成本—红利"方法值得进一步讨论的原因。在下一章中，我们将讨论成本—红利的完整概念，以及其如何适用于全球共同福利，即一切因人类压力而面临不稳定风险的自然资源。但现在，让我们继续关注大气和碳。我们知道，富人消费了大部分东西。对碳排放收费，然后将所有费用分摊给每个公民，这是公平的，反映了我们都是大气这个"全球福祉"管理者这一原则。此外，它还有减少不平等的效果，因为大量消费碳的人必须负担更多的费用，那些消费很少的人会得到补偿，这获得了许多经济学家的认同。据《华尔街日报》报道，2019年，3500名经济学家通过了碳收费和分红的方法，将碳定价为"以必要的规模和速度减少碳排放的最具成本效益的杠杆"。[17]成本—红利法还将从全民税收基金中获得的收入保留下来。这些费用只用于再分配，而不是转移支付到其他政策目标上，因为问题的核心是信任需要公正透明，这是至关重要的；此外，人们要看到资金流向，要从自身的行为改变中获得明显的个人收益。

在2050年实现"净零"排放之前，扩大所有解决方案的规模尽管非常雄心勃勃，但实现起来难度很大，除非我们能够克服上述障碍：一方面，高收入国家和低收入国家之间在足迹和能源获取方面存在巨大不平等；另一方面是国家内部的政治制约。

这就是为什么上述实际的技术解决方案需要可信赖的积极的政府出面协调，才能成功地同时实现减少排放和不平等。这意味着认可并纠正现有的全球不平等。世界上最大的经济体——美国、欧盟和中国——亦是世界上最大的排放者，必须快速增加（至少3倍）可再生能源产能的年度国内投资。这3个经济体排放的温室气体加起来约占全球温室气体排放总量的一半。此外，为了加快低收入国家的变革，有必要在以下3个关键的国际领域内加大行动力度。

- 大规模增加气候融资以纠正碳足迹不平等；
- 构筑旨在解决债务和鼓励绿色投资的新金融框架；
- 改革国际提款权和贸易规则，使之转入绿色经济轨道。

第一，迫切需要大规模地注入气候资金。显然，富裕国家没理由去违背2012年承诺的每年1000亿美元的气候资金。承诺的资金一直没有得到充分兑现，资金本该全额支付，以弥补所有短缺。一种直接且无成本的方法是扩大特别提款权（SDR），即国际货币基金组织创造的国际流动性。每年至少需要发行2万亿～3万亿美元的特别提款权（这很容易实现），专门投资于清洁能源系统。此外，高收入国家有充分的理由将自己分配的特别提款权循环给区域性多边开发银行，以用于此类气候投资。[18]

第二，为解决主权债务构建一个国际框架，大幅降低低收入（人均年收入低于10000美元）国家未偿还债务的负担。这一债务重组机制不仅需要涵盖双边和多边贷款人，而且需要包括强制性监管和法律变更的私人贷款人。此外，这需要对私人金融市场进行更严格的监管，以防止私人贷款人和债券持有人进行更多"棕色"和碳密集型投资，并鼓励绿色投资。

第三，必要的知识和技术集中在北半球的公司，这对所有人来说都是非常危险的。它妨碍了核心清洁技术的传播。对于关键技术领域，世界贸易组织建立的全球知识产权体系必须终结，因为这些技术对低收入国家实现绿色转型至关重要。这一体系非但没有鼓励更多的发明和创新，反而导致了知识的垄断和以牺牲公共利益为代价的"寻租"。它损害了所有国家都能获得关键技术的可能性，从疫苗到太阳能。当低收入国家试图通过补贴本国生产者来鼓励可再生能源时，它们很快就会面临来自世贸组织的诉讼。为了避免地球的生命支持系统遭遇系统性破坏，也许不应依赖于少数控制知识产权的大公司的一时兴盛和利润，尤其是当这些知识主要由公共研究贡献的时候。

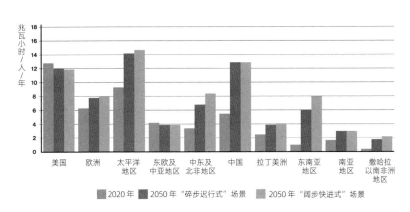

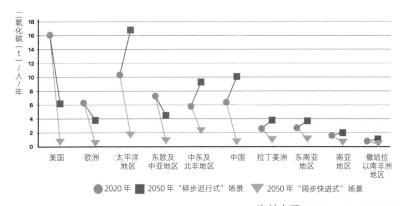

资料来源：E4A-regional-220427

图 7-6　2020 年和两个场景下 2050 年世界 10 个区域的人均能源足迹

结 论

能源、运输和食品等碳密集型产业的崩溃将终结全球物流和运输的巨大需求，解放数十亿公顷土地，让海洋再生并消除空气污染。如果做出正确的选择，转型后的新能源、交通和食品系统将减少人类文明中的物质消耗，同时为穷人提供充足的能源。

虽然化石燃料时代的最终消亡是不可阻挡的，但面对危险的气候破坏，人类文明的消亡却并非不可阻挡，这完全取决于我们今天做出的社会选择。无论国家选择何种具体工具，这些工具的目标都应将系统生产力与社会正义和环境正义结合起来。当前的正确选择可帮助我们在21世纪30年代后期开启一个前所未有的、丰富的清洁能源时代。新的可能性可以使人类有可能解决一些最棘手的问题，包括能源短缺和波动、粮食不安全和营养不良等问题，以及根深蒂固的全球贫困和正在加剧的不平等问题。

从"赢家通吃"的资本主义到 Earth4All 经济体

一个新的经济操作系统

5个非凡的变革可以将我们带入未来几十年，比我们目前的路线更安全、更舒适。如果你觉得雄心壮志令人生畏，那你是对的。如果你怀疑我们永远无法完成它们，请再想一想。在21世纪让人类回到安全的运营空间中可能是复杂而具有里程碑意义的，但就像许多其他复杂而具有里程碑意义的事业一样，它可以精心挑选少数杠杆由一群下定决心的人来启动。

显而易见，这些杠杆正等待被撬动，而且它们都属于一个领域——经济。你可能已经在前几章讨论过的每一个非凡的变革中注意到了。特别是从以下几个方面：

- 政府干预（补贴和监管）以加速改变；
- 促进"南方国家"快速脱贫的国际金融结构改革；

第8章 从"赢家通吃"的资本主义到Earth4All经济体

- 启动公民基金来公平地分配地球共有财富;
- 投资高效的可再生食品和可再生能源系统;
- 降低在低收入国家投资的风险并取消债务。

传统的经济学家会暂停在这里,然后理由充分地指出这些转变是大规模经济转型的催化剂。毫无疑问,一些人还会害怕这些变化会带来经济增长的突然停止,从而导致经济崩溃。我们并不同意这些看法。要理解为什么,这有助于我们理解一点和杠杆点相关的理论和为什么它会经常给我们带来惊喜。

《增长的极限》的作者德内拉·梅多斯曾将杠杆点描述为"复杂系统(企业、经济、生命体、城市、生态系统)中的某处,在其施加一个小的改变可以在整个系统中导致显著变化"。另外,她还指出:虽然人们经常能够凭直觉定位杠杆点,但却朝错误的方向发力,从而造成一系列计划外的结果。这恰恰是经济增长中会发生的情况,正如梅多斯所指出:世界上的领导人们聚焦经济增长,这无可厚非以其为任何问题的解决方案,但他们却朝错误的方向发全力。[1]

因此,我们最终制定了旨在减轻贫困的全球经济政策,但几十年后已演变成贫困陷阱,在经济上奴役整个国家,破坏民主政体,并共同造成了环境灾难。我们已经看到我们经济的目标从重视我们的未来转变为完全不考虑未来。

不足为奇的是,许多越来越愤怒的公民凭直觉意识到传统经济思维和机构逐渐不再能保障自身和家庭的经济安全。结束传统的经济思维这件事就变得理所当然。这是否必然意味着福利增长的突然结束或经济崩溃呢？并非如此。

能源转型本身将推动经济增长。这不足为奇，但能源的转型无异于对经济体系基础的彻底重组。它将在所有领域创造投资机会和就业机会，营造出经济一片繁荣之貌。如果改革得到公平管理，每个人都能在未来获得利益，这将为政治的稳定保驾护航，避免经济崩溃的风险。也就是说，我们应该在很大程度上对增长持不可知态度——这取决于增长的是什么。当然，经济体需要通过转向循环模型来缩小其物质足迹。最终，经济重心必将转向福利增长。这正在发生。一些地方和国家政府正在试验新的经济模式，如我们之前提到的新西兰、芬兰、冰岛、苏格兰和威尔士的福利联盟，此外，阿姆斯特丹、布鲁塞尔和哥本哈根等城市也都在积极挑战其经济的旧价值观，并寻找扭转它们的方法。

但是，避免灾难的成本是否高得令人望而却步？也许这就是人们犹豫不决的原因。我们换一个角度想，首先，这不是成本，而是对未来的投资。我们估计，每年所需投资约占全球收入的 2% 至 4%，其他的一些研究也提供了与之相似的结论。[2] 事实上，作家兼学者尤瓦尔·诺亚·赫拉利（Yuval Noah Harari）和他的团队通过仔细研究各种经济和气候报告，发现完成能源转型成本的估值约为全球年 GDP 的 2% 至 3%。相比之下，各国政府将花费相当于全球产出 10% 以上的资金用于抵御大流行带来的冲击。

如果收益如此之大，投资相对而言如此之小，是什么阻碍了我们做出正确的选择？是我们的心态。

第8章 从"赢家通吃"的资本主义到Earth4All经济体

收租资本主义的兴起

我们的经济曾经历了巨大的转变,"二战"以来尤为突出。随之而来的是思维的逐渐转变,这样的转变使我们远离并不完美的为民生服务的经济,而从20世纪80年代开始趋于为少部分精英服务的主导经济。"收租"阶层的财富从拥有金融财产开始增长,一个恶性循环开始了——以钱生钱,财富集中于越来越少的人手中。我们可以从三个经济阶段来理解这个转变,特别是通过回看富裕国家的发家历程,因为这些转变决定性地改变了全球经济格局。

第一个阶段是战后时期(1945～1975年)。在当时的背景下,内部经济重于全球经济。那个时期,经济由企业、有组织劳工和政府共同决策,银行和金融部门扮演次要角色,起支持作用,而不是主要驱动因素。经济的主要目的是确保社会安全网的完全就业率。政府提供基础设施,税收来源于利润、收入和消费。这样的经济系统在部分地区实现了稳定、繁荣和更大程度的平等,但随着时间的推移,出现了包括通货膨胀、新兴工业国家之间的竞争、劳工动荡等问题和挑战。

第二个阶段是自由市场时期(1980年前后～2008年)。主导全球经济的西方国家为追求效率接受了全球化的理念,造成政府职能日趋私有化。政府和有组织劳工的权力弱化,同时企业的权力扩张。金融部门主导经济发展且越来越缺少管制，并开展全球化扩张。政府工作的重点改变为辅助市场发展，抑制通货膨胀，限制了自身的直接经济行为，同时利润和资本的税收降低。新的问题由此产生——私人债务增加，基础设施的投入削弱，金融政策制定基于短期考量和不平等加剧。

经历过2008年的金融危机，我们很清楚第二个阶段经济的发展作为社会契约的尝试已经失败。危机为我们展示了众多政府的首要任务是保护资产的价格和金融系统，工作重点变成了如何能够提供新的流动资金、降低利率和购买不稳定资产。更糟糕的是，财政救助的成本转而由公众分摊。

2008年9月之后，不断有政府尝试利用债务并紧缩公共部门开支来重启经济发展。然而持续不断的构架性经济力量加快了不平等，增加了没有经济保障的人数，压缩了中产阶级的规模，并破坏了经济增长。果不其然，到2015～2016年的节点，不同程度的民粹主义迅速崛起，特别是在盎格鲁-萨克逊地区。然而，随着新冠肺炎疫情的不期而至，数万亿的新资本优先投入了金融系统，重复着同样的流程。

第三个阶段是逐渐增长的以自由市场为名的寄生金融经济。在我们大部分人认知中的围绕着生产、消费和交换而组织的经济系统已经不复存在。钱被用来生钱，各种财富的价值正在不断地被改变，从股票和债券到不动产，再到知识产权和加密货币，这些金融财富的动向现在已经支配着全球经济决策的制定。

曼费拉·兰费尔认为：这个不可持续发展的垄断游戏应该被揭

下面纱——玩家和制定游戏规则的裁判是同一伙人,他们在游戏中自娱自乐。[3]

事实上,向收租资本主义的转变已经使数以十亿计的人失去机会、保障和福利,显然,这已经严重损害社会和环境的正义。因此,我们尤其需要新的经济逻辑。

重新思考人类世的共同财富

为了寻求其他可能的模型,我们需要追溯更早期的经济发展,或更深入地考量现代社会,这时我们就会发现与现今的收租资本主义截然不同的组织经济工具,这样的工具依赖于通过保障共同财富而保障福祉的原始经济阶段。

举一个简单的例子,尼泊尔山谷深处的村民过去常常帮助维护下游的运河,而下游的村民则帮助维护上游的水坝。通过这种方式,他们都获得了共同的资源——水。他们从系统性收益中获得红利,并集中努力维护这些文化和自然资产。

世界上曾经满是复杂精巧的关于共同财富管理的示例。这些系统保证土地作为公共财富由当代人管理,并兼顾子孙后代的利益。[4]这样的系统在目前的土著和传统文化中真实存在。"共同财富"概念贯穿了人类的历史,虽然屡次被取代或削弱,但从未消失。在 21 世纪的复兴中,它仍无处不在,包括在伦敦郊区的一棵树下。

英国萨里郡的安克威克紫杉约有 2 500 年的历史。1217 年英格兰《森林宪章》颁布的时候它就已经饱经沧桑，它见证了本地居民被赋予不可剥夺的为生存所需的森林享有权，包括森林中的果实、木柴、泥炭以及季节性的放牧许可等。概括地讲，即便土地的所有权由封建系统赋予了统治阶级，让居民享有这些土地的使用权实为明智之举。国王并不想看到由食物引发的骚乱、匪患以及无法赋税的民众，也不想大地主在权力斗争中发挥其影响力。

本地居民每年有 4 次机会在当地的每一所教堂中宣读该宪章，勇敢地提醒当权者"公地的存在是为生存，而非利益"，然而历史却告诉我们另外的情形。1760～1870 年，该宪章中近 400 条法案作用下的约 280 万公顷的土地被没收。奇怪的是，此宪章直到 754 年之后的 1971 年才被废除，彼时新自由主义正开始逐渐明朗。安克威克紫杉历经沧桑而不衰，2017 年，在《森林宪章》颁布 800 年之际，人们仍旧聚集于此地来提醒世人，复兴公共财富的概念就是珍视我们的未来。

土地仅是对公共财产侵略的第一个目标，侵占土地这种做法被越来越多的人效仿学习，最后通行全球。征地、殖民和奴隶制代替了某种程度上的自给自足，而基于交换劳动力以取得薪酬的付出和不确定性代替了自主的生活。产权的意义超越了人权。一直以来普遍存在的紧张局势也延续到了我们的时代。

早期工业资本主义的过度发展并不是没有受到挑战。18 世纪末开始的社会进化和革命首先施压于奴隶制并导致其废除。19 世纪中期的政治动荡引起了之后的劳工运动，对当时的工业资本主义给予

第8章 从"赢家通吃"的资本主义到Earth4All经济体

了反击。20世纪初,主张国家以人民的名义来掌握主要资源的社会主义在世界上的不同地区迥异发展,以政治挑战的形式,成为工业资本主义发展的另外的一种阻力。在西方世界,特别是"一战"之后,公共部门的零星建立似乎在用"福利"的概念来代替"公共财富"——公民全职工作,但需要为了津贴和失业福利而交税。

在这样的社会契约下,公共投资以低成本提供重要的社会产品和服务,包括教育、交通、基础设施、医疗、开放空间和住房等。企业也会向公共部门缴纳收入所得税,以补偿其对地球资源独家特享的占有。公共财富的概念并没有消亡,但被压制住了,而对地球资源的侵占趋势依旧有增无减。

甚至知识也由于版权和专利相关法律法规的限制而被封闭起来,仅一小部分人独享。至20世纪末,对于公共财富的挪用进一步延伸到数字领域,如依靠获取私人数据盈利;生物世界也难逃劫数,世界各地的种子和有机生物体被私有化,长期环境完整性所必需的基因共享被滥用。

最终,货币本身也发生了改变。现在,在许多国家由管理宽松的私有银行系统创建信用,而非政府。这种信用越来越服务于银行的优先事项,而绝大多数的银行选择贷款购买现有资产。另外,最低限度地保证独立经济行为和交换现金的地位也急剧下滑。综上所述,大部分人都可以获得的公共财富已经被小部分企业收入囊中。

在这一过程中,资源富足但缺乏现金国家的公民目睹了他们共有的资源被剥削和吞并,包括矿产、河流、木材在内的开采权被出卖或以贷款偿还计划的形式被掠夺。大量农业用地的所有权落入居住在几千千米以外的人手中,随着地区经济卷入全球化浪潮,甚至人力资源也被侵吞。

目前的挑战是重建一个在 21 世纪背景下重视公共财富的经济操作系统。曼费拉·兰费尔认为:我们需要再次回归当初的基于社区的经济系统,立足于本地的生产和消费需求,恢复与临近社区之间的盈余交换,以保证所有人的福祉和生态系统的安全。相互关联的村庄社区模型能够恢复大家的地域感和归属感。

要做到这一点,需要重绘经济棋盘。

传统的经济棋盘

收租资本主义并不是当今世界唯一的经济系统,我们可以看一下中国——由中央政府通过国有企业控制土地、金融系统和重要核心行业(包括钢铁、水泥、铁路、公共事业及信用体系的应用)。中国的方针十分不同,由中国近几年的一些操作可以看出中国在"共同富裕"的口号下创造了更加平等的社会。[5]

然而,不同的现代经济系统还是有着非常相似的重要发展阶段。首先,发展国内市场,创造信贷,投资基础设施,并支持工业经济而非农业经济的增长。随着生产力和机会的增长,城市化使人口高度集中。除非其他市场存在(如通过殖民扩张或在他处占领市场份额),生产的规模和效率增加很快就会带来过度生产和利率下降的境地。劳动力从第一产业通过第二产业转移到第三服务产业。

如果完全不计社会和环境影响,规模化工业是十分有效的。工资和收入首先增加(贫困减少),同时国内需求扩大,存款也随之增加,促使投资机构和储户开始在他处寻求回报。如果生产经济的投资回报比较缓慢,第二阶段的重点就开始转向现有金融资产(特别是地产、股票和债券)。长远的结果就是以复杂衍生品和期货形式存在的货币或商品投机的兴起。

金融部门的扩张也降低了竞争者的数量。私募股权公司收购利基市场的小公司,造成了更多的垄断和科技公司不惜一切代价垄断新部门的"闪电式扩张"现象。这就导致系统走向了一条与在自由平等市场内有效竞争截然不同的路。收租资本主义关注对资源利用的收费,限制竞争,简言之,就是提取价值,而非创造价值。之后这样的经济租金(非营业盈余)就投入经济学家迈克尔·哈德森(Michael Hudson)提出的 FIRE[①] 部门。这个过程不是当前系统中的问题,而是收租资本主义可预测的结构性结果。

管理费用走高,工人的雇用成本也变得越来越高。获得抵押贷款和信贷以及与之相关的借贷服务的成本虚高,久而久之占用更大份额的家庭预算。因此,工人被机器人和人工智能所取代是必然的趋势。自 1980 年以来,随着工人享受的国民收入降低,他们的整体生活质量也随之下降。临时工作、福利削减、不平等和不安全感非常普遍,再加上日益被破坏的生态系统——气候崩溃、疫情、生物

---

① FIRE 取 finance、insurance 和 real estate 的首字母,指金融、保险和房地产。——译者注

多样性消失,以及寻租行为使我们越来越接近社会崩溃的边缘。正如社会张力指数所示,越来越少的人相信现行系统能够及时朝着对他们有利的方向重启。

如果我们理解"棋盘"并考量一些现存的系统工具,事实上是可以想象并实现我们前文聚焦五个非凡变革的。

如图 8-1 所示的经济棋盘,图中的财富流动在 Earth4All 模型中也有所反映。处于正中的是传统经济学教材中提到的,也是大部

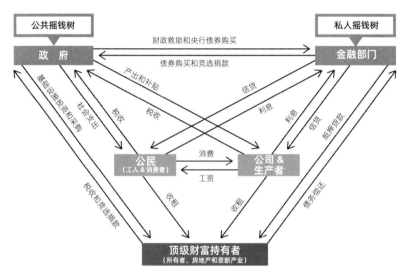

资料来源:Anna Zakrzewski 等,波士顿咨询公司(BCG)2021 年 6 月发布的《2021 年全球财富报告:当客户带头》,以及 Sean Ross,投资百科 2021 年 9 月 30 日发布的《金融服务:全球经济中的行业规模》

图 8-1 传统的经济棋盘

像地心引力一样,目前的经济游戏规则具有涓滴效应——但资金主要流向富人。2020 年,金融财富占全球财富的 250 万亿美元(52%),但实物资产的规模实际上翻了一番。这些资产主要由房地产所有者主导,他们创造了 235 万亿美元,占全球总财富的 48%。

分人认知的经济概念里的两个主要玩家——市场中的消费者(家庭、工人、公民)和生产者(如工厂)。但收租资本主义的概念中还包括另外的两个主要玩家:金融、银行部门以及资产、地产和垄断产业的拥有者。尽管政府试图监管如此的经济系统,但已经被新自由主义思想削弱并被逼入绝境。

棋盘显示了资金的来源和流动以及最终惠及的人群并不是庞大的穷人群体,而是富人阶级。因此,让我们首先考察棋盘上的两棵"摇钱树"。

右上角的是私人摇钱树。银行业的"秘密"是每一次放贷都以信贷凭空创造钱。这里,私有银行由信用生钱,以债务为影,由此,金融部门得以运转。

左上角的是公共摇钱树。任何拥有主权经济的政府都可以实现,但如第三章所述,很明显,这样的政府在许多经济疲软或非主权货币的国家是缺失的。

右上的金融部门如今在棋盘上占首要地位。其次是资产、地产和垄断产业的拥有者。他们和信用的创造者是亲密的同盟。

在当今经济活动中,这两个主导的玩家总是赢家;他们已经成为其余玩家必须不断投喂的猛兽,"大而不倒"。资金惠及的人群并不是庞大的穷人群体,而是少部分的人。但值得指出的是,资金仍是社会概念,金融和银行的执照仍由政府颁发并(至少是名义上的)由政府监管,也就是说这个游戏不仅只有现在这种玩法。

改绘棋盘

现在让我们想象一下，如果撬动 3 个杠杆，棋盘会如何呈现。

第一个杠杆：对榨取财富和使用公共财产征收费用，借助公民基金分配由此产生的共同基本股息，在棋盘上增加一棵摇钱树——自然，这种可能性一直存在。自然是所有财富的隐形来源，但一直不受重视，所以容易被忽视和破坏。一旦公民像旧时代共享共同财富一样共享自然资源的红利，财富就会开始流向工人、社区和家庭。

第二个杠杆：监管金融用于投资解决不平等、气候变化及其他危机的战略，用新的方法动摇私人摇钱树。法规可以引导贷款从化石燃料和不可持续的农业转向清洁能源和再生实践，也可以把借贷从奢侈公寓转向价格合理、适应性强的以社区为核心的建筑。为了实现这样的目标，需要唤醒两个玩家——政府和公民。政府起到鼓励变革的主要作用；公民则需要开始视自身为未来极具投资价值的公众。

为了刺激这两个杠杆，拥有主权货币的政府可以动摇其公共摇钱树并获得回报，从而转化为长期的环境和人类安全。请记住，完全控制自己的货币并且拥有不受黄金等商品支持的货币的政府不必只花费他们赚取或借入的钱，只要经济中有未使用的实际产能，就可以通过消费而生存，而不会导致过度通货膨胀。

第8章 从"赢家通吃"的资本主义到Earth4All经济体

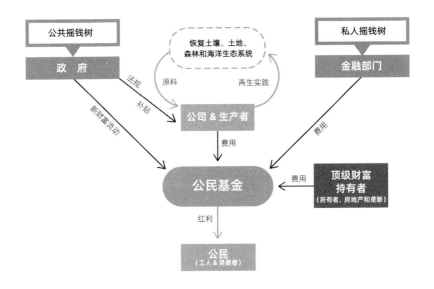

图 8-2　改绘棋盘

通过对全体公民开放的公民基金，实现更加公平的财富"流动"。利用公共资源（生产、自然、知识、社会公共财富）榨取财富的获利将被投入公民基金。这种机制纠正并反作用于图 8-1 所示的不公正的新自由主义棋盘的动态平衡，并在经济转型期为公民提供重要的安全保障。

第三个杠杆：取消不公平债务，可以显著颠覆棋盘。政府需要介入坚持债权人免除不公平条款下的债务。取消负担沉重的贫困国家 9000 亿美元的国际债务能够释放大量资金以解决贫困并补充维持资源。这一举措可以影响 30 亿到 40 亿人口。[6]

现在，棋盘上的财富不再集中在金融部门和所有者手中。财富得以开始渗透回归到棋盘中央——生产者、消费者、政府，支持从前不可见的亟须投资的发展基础——自然和社会。

在这样的背景下，被奉为圭臬的经济增长就呈现出全新的特征和目的。我们判定进步的标准聚焦于广阔和共享的财富，而不再是狭隘构想下的年度消费和生产的流量。此时，财富的意义需要做进一步的解释。

生产性的共同财富包括可以很容易以金钱和市场价格计价的人造资产：机器、道路、互联网、电力设施、水资源、港口、专利，以及各种公共基础设施，尤其是受过教育、有能力的劳动力。自然共同财富包括土地、土壤、稳定的气候、河流、沿海海域、深海、海草与海藻、森林、云层、山地生态系统、矿藏、稳定臭氧层和地球上其他的生命支持系统。自然资产最重要的形式是拥有完好的生态系统可以创造对生命有利的条件，并具备自我修护的能力。社会性的共同财富包括共享的知识、传统、法律、数据库、社交媒体数据、基因、开源算法、语言、行为规范和共有的世界观。上述这些和其他一些因素影响着人们对他人及制度的信任，是社会财富的核心。

换言之，如果用金融资本作为首要重点来操控经济系统的存量和流量，GDP和国家财富就会增长，但环境稳定性和社会福祉会受到侵蚀。这是传统经济系统的运行模式。

如果生产与自然库存相协调，并且使用的生产材料和再利用的资源越来越少，那么大家可能会体验到更低的生态足迹和真正的绿色增长。这是因为资源生产力的变化速度足以扭转资源枯竭或气候排放。但真正健康的经济其前提是通过公平分配资产和机会实现人类福利，并保障社会资本。[7]

在健康的经济系统中，未来的繁荣依赖于在不同时期创造和维护共同财富（广义资本存量）的经济活动的质量，而不是年度经济活动的起伏（由 GDP 衡量）。这种国家财富的转变以不同时期均衡的年度全部资本的变化为标准。

这种经济运营方式，将重点放在为所有人服务的广义财富的平衡增长上，而不再是增加资本所有者的收入和财富。这种财富就像我们在第二章"阔步快进式"场景的未来中所想象的情景，真正使舒、萨米哈、阿约托拉和卡拉都受益。随着她们长大，每个女孩都将获得公民基金的捐赠，分享全球共同财富。这些资助会给她们的人生一个积极的开始——健康的饮食和更好的医疗及教育；之后，会在她们的成长中给予她们经济保障。她们不再像她们父母那一代，帮助她们提升工作技能，收获个人成长；如今她们的人生中大部分时间都会享受到政府的服务。

短期主义：通向寄生金融系统

目前的金融系统从自然和社会资本中榨取价值且无视通过再投资公共财富而创造的长期价值，这是显而易见的，但明知如此为何我们还要坚持？这并非我们抱有恶意。相反，传统的关注点一直是以长期的共同财富储备和存在为代价的短期收益流。大部分经济管理者的短期主义行为源自他们的工作评估建立在一年、三年或五年的工作绩效上。大部分投资基金经理会错误地认为气候危机的影响要到十分遥远的未来才会显现。[8]

过去 20 多年，经济的显著特点之一是利率通过中央银行的运作被压低。他们一直担心利率的突然上升会给堆积如山的债务带来冲击导致企业倒闭并加剧衰退。低利率旨在鼓励借贷以投资于实际生产能力。然而，更多时候，他们鼓励借贷以购买更多"纸质"资产，并增加对资本收益的追求。低利率也预示着一个相当简单的假设：由于借贷成本现在如此之低，拥有主权货币的政府可以轻松地借到他们想要的东西，事实上，在 2008 年和 2020 年他们也这样做了。[9]

这种潜在动力促进了系统失败。过分金融化的系统像寄生虫，对公共财富的榨取超过了再生能力，破坏了支持人身安全的广义的财富。当不平等恶化、福祉或信任被破坏，社会紧张程度就会加剧。

实现系统改变

如果要激活我们在本书中描述的五个非凡变革，政府可以通过创造大量所需的巨额款项来调整棋盘中的存量和流量。这些资金可以补充和维持共同财富，运用改良过的经济工具建立一个福利经济体系。

那么我们如何将这种供养和受益纳入新的经济操作系统中呢？为了福利经济的正常运转，公民需要从公共财富中受益。既然共同

第8章 从"赢家通吃"的资本主义到Earth4All经济体

财富一直以来被封闭（被少部分人盗窃和替换），那么我们有权要求赔偿或参与共享。这样的红利来自公民权赋予的经济活动，而非"福利转移"。

劳工和社会政策研究专家盖伊·斯坦丁（Guy Standing）在《掠夺公地》（*Plunder of the Commons*）中指出了主要的三种吸引征税的公共财富：第一种是"可耗竭的公共财富"，不可再生的矿产和化石燃料应被作为自然资产财富；第二种是"可补充的公共财富"，需要资金的投入来得以补充；第三种是"可再生的公共财富"，包括如水和大气等有形资产以及如思想等无形资产。[10] 基于所有这些共同财富的盈利应该立即分配给所有个体，这将补偿"围栏公地"，使公民成为一个整体。

另外，像之前提到的尼泊尔和《森林宪章》的例子中，公共财富应该用来增加生计，以满足公民基本需求。必须鼓励获取和小规模使用共同财富，以维持公共存量或公共财产的价值。公共财富允许我们参与经济活动来满足自身和社区的需要，这样的活动通常由于规模小且点对点而被忽视。

在拉丁美洲，跨国研究中心（Transnational Institute）列出了支撑基于公共财富的福利经济标准：一、共同民主管理的物质和非物质资源；二、支持并加深合作关系的社会程序；三、生产的新逻辑和一系列新生产流程；四、范式转变，共同财富的地位超越经典的市场；五、既非市场亦非国家，或许会更好。最后一点反复出现。[11]

事实上，无论是通过社会企业、信托、合作，还是仅通过用户群体，都可以充分、乐观地建立和管理新的公共空间。近年来很多新的方案涌现，并借助数字基础设施的发展得以实现。形形色色的此类公共财富包括种子共享合作社、开放资源软件程序员的社区、为刺激本地经济创立和使用的补充货币，以及本地食品项目（包括社区农业、"再野化"、"慢食"、社区土地信托等）都表明，利用私人或国家治理之外的资源和工具也能够不断创造价值。

P2P基金会创始人米歇尔·鲍文斯（Michel Bauwens）专注于这种点对点的经济，将其描述为"民主学校"，即真正可以实践参与与合作。[12]

如何解决系统故障

收租资本主义的核心是为所有者把关存量的获取和价值。税收（资源税）并不能对限制土地和矿产的过度使用起决定性的影响。我们需要应用另外一个工具将部分经济租金投入公民红利中。

例如，在针对碳污染和大气使用的项目中，经济学家詹姆士·博伊斯（James Boyce）和企业家彼得·巴恩斯（Peter Barnes）建议越是供应链顶端越应付费。如果大气被碳排放污染，那么排放量的最高限额应对应足够高的吨价，以此强迫污染者降低对我们共有的稳定气候资源的破坏。不难理解，这意味着碳排放价格的升高。但在此阶段，这还不完全是关于公共财富，而只是一种针对"坏行为"的税收。如此的税收想法很好，但能源价格的大幅升高对贫困

第8章 从"赢家通吃"的资本主义到Earth4All经济体

人口的影响更为明显,也同样适用于世界上大多数对全球变暖不起决定作用的普通人。这也是资源税这个概念吸引力一直不强的重要原因。

如果我们实行收费和红利的做法,那么碳价格的大幅升高就由作为共同所有人的每一个人分担,也就是成了普遍的公民红利。这有助于补偿低收入人群,他们与富裕人群相比,碳排放量本来就非常低,同时抑制了公司过高频度的碳活动,以保护为目的的选择由此得到激励。在少有人相信政府或大型企业的背景下,为使其更加真实可信,费用和分配可以由公民基金以信托的形式和中央银行共同监管,这样的新机构仅专注于这一任务,如果管理得当是可以赢得信任的。今天看来这可能是较大胆的举措,但中央银行已经在探索使用数字货币账户,且类似半自主的机构已经存在。

碳费或红利是对劳动收入之外的非劳动所得收入和经济租金纳税的示例之一。其意义在于认可了资产种类的多样性,包括私人数据、基于地段的土地价值升值、金融基础设施以及如互联网的骨干网(由政府出资兴建却由私人所有者盗用)。它是经济正义的主要工具,因此可能得到强大的政治支持。

阿拉斯加永久基金(Alaska Permanent Fund)是真正意义上的通用基金,因为每人都拥有股权。它随每年征得的费用而变化,并且对市场现实很敏感;它只会增加已有收入和福利,由于面向所有公民并体现经济公平而广受欢迎。

彼得·巴恩斯(Peter Barnes)在《人人享有自由和红利》(*With Liberty and Dividends for All*)一书中提出,完整的收费和红利系统的核心是石油燃料/碳、金融基础设施交易费和针对使用私人数据的社会红利（每个美国公民每年可高达 5000 美元）。在中等收入为 8 万美元的美国，一个四口之家每年可从公民基金中获取额外 2 万美元的收益。[13]

在颠覆性的转型时期，这会带来收入的显著增加，同时以公平的方式减少化石能源等资源的过度消耗。很明显，围绕公民基金的良好的政策设计可能是一场改变游戏的经济创新，以在危机时期建立信任、和谐和经济安全。

诸如此类的模拟场景着重提醒着我们公共财富的含义不止于红利。作为公共财富的共同所有人（和受托人），并不难理解我们需要什么，仅为以下 3 个方面：

- 参与经济和增加价值的机会，超越雇工和消费者的角色，能够使用工具和资源；
- 享有"圈地"的份额或分红（作为共同所有者）；
- 通过资产维护或资源优化，承诺确保这种红利持续存在。

结　论

毫无疑问，本书探讨的很多变革聚焦于如何在目前的经济系统中调整资金流。变革所需的能量来源于加速改变的科技和公私渠道的大量投资。食品变革的模式也是如此，可再生农业和精密发酵等

第8章 从"赢家通吃"的资本主义到Earth4All经济体

其他食品技术互相竞争,以降低成本(特别是劳动力、材料和化石燃料的投入)来实现低价格。这5个变革中的3个与再分配和赋权相关,即贫困、不平等和赋权。这3个变革共同使经济更加有包容性,并增强了社会资产。

我们认识到当前的经济越来越成为一种货币现象。虽然我们认为它应转变为基于共同财富的福利经济,值得思考的是,很多使这个转变成为可能的工具源自现存的系统。它是现实主义与理想主义、升级与改造、进化与革命之间的微妙平衡。

谈到贫困,货币经济的角色至关重要,诸如国际货币基金组织和世界银行的机构有能力创造和使用现存工具(如特别提款权),并取消繁重的债务来重启和保护低中收入国家的核心本地发展,这可以和贸易规则的改革同时进行。

即便是专注于妇女赋权和减少不平等的变革,也包括扩展已有的社会项目、调整税率和适当立法,虽然几十年来取得的进展缓慢且不够充分,但之后经过我们坚持不懈的努力,这些举措仍可以带来重大变化。

所有变革将使我们更深入地考量经济关系和经济的本质。正如德内拉·梅多斯所描述的:复杂系统中的某处……在其施加一个小的改变可以在整个系统中导致显著变化。[14] 如果使用得当,再加上对公共资源的重新思考和想象,这些工具和它们带来的剧烈变动能够终止榨取经济系统的闭环,并使其成为循环和再生的系统。这样我们可以减少物质足迹并帮助人们保护赖以生存的地球,使经济重新为人服务。

我们称之为"转型福利经济学"(Transformational Wellbeing Economics)。Earth for All!

9

行动号召

亲爱的读者，感谢你的到来，感谢你的阅读。

我们任重道远、时间紧迫、困难重重、危机四伏。我们在讨论催化有史以来最迅速的经济改革。大量的工作要在第一个10年展开——就是现在，当您合上书本之时。

或许我们需要时刻提醒自己，我们将从重启、升级、转变我们的经济体系中获得什么？

一代人结束贫困

这一目标触手可及。我们估计，到2050年，所有国家的平均国民收入都可能超过每人每年15000美元。如果我们不重视起来加紧行动，可能要到2100年才能实现这一巨大目标。

人民和国家之间更加平等

我们的社会不会因过度的不平等而四分五裂。在国家内部和国家之间重新分配财富，意味着子孙后代可以有更多机会实现他们的梦想，无论他们的家庭或原籍国如何。

健康星球上的健康人

所有人都可以选择吃得更好。健康的食品是美好、长寿、健康生活的基础，也是宜居星球的基础。另一种选择意味着当地球上超过一半的人超重或肥胖时，将达到一个令人不安的临界点。

丰富、清洁、廉价能源

到2050年，大多数国家将首次拥有丰富的清洁能源，而且价格比现在的能源便宜得多。大多数国家可以确保能源安全。这将使各国摆脱与控制化石燃料供应的专制政权之间所产生的不愉快关系。

新鲜的空气

笼罩在主要城市上空的有害气体将消失。向清洁能源和能源效率的转变缓解了空气污染。如果没有这些改变，市场将通过"解决方案"来"解决"空气污染问题，其结果可能就是家财万贯的孩子在经过空气过滤后的操场上玩耍，而其他孩子则呼吸着被污染的空气。

性别平等

如今，真正支持更大程度性别平等的经济体在所有福祉和人类发展排行榜上名列前茅。性别平等有助于建立社会凝聚力，多样性、公平和正义都会受到重视。

经济弹性和安全性

升级经济体系，让所有人更公平地分享社会的共同财富，增强抵御不可避免的冲击的能力；不断提升政府的受信任度，使其更好地做出有利于大多数人的长期决策；并为经济的全方位重启提供支持。

人口稳定

在一代人的时间内，地球上的人口可以达到大约 90 亿的峰值，并在 21 世纪下半叶开始下降。通过提供经济保障，促进性别平等，人口将以公平、公正、民主的方式得以稳定，这将是人类历史上最重要的成就之一。

宜居的星球

如果我们从今天开始到 2050 年尽我们所能去稳定地球，我们的未来将更加和平、繁荣和安全。我们等待的时间越长，我们的未来就越危险。我们的提议旨在帮助确保一个宜居星球的未来，一个相对稳定的星球，拥有一个更好的、可以适应变化的弹性社会。

赢回未来

最重要的是，我们得到的是我们的未来。充满活力的经济基础既不是金钱，也不是能源，更不是贸易——是乐观的人，他们对更美好的未来充满希望并将为之付出努力。

第9章 行动号召

未来比我们想象的更近

如果你觉得转型的规模令人生畏，请加入我们。我们相信我们的社会正到达某个转折点。事实上，四种力量——社会运动、新经济逻辑、技术发展和政治行动，已经联合起来，正在推动社会跨越这个转折点，从而引导我们走向自我强化的良性循环——一个全世界共享的地球。

社会运动——未来的声音

近几年，世界各地关于环境气候、女性赋权、种族歧视、社会公平公正等方面的声音和动作越来越多，公众意识从未如此之高。这些鼓舞人心的运动正塑造着公共辩论，迫使政客们坐起来认真考虑并采取系统的方法来应对存在的风险。

跨越经济临界点

长期以来，那些反对系统转变的人一直在拿成本说事。近年来，这种论点背后的逻辑已经消失。在许多地方，建造太阳能电池板比保持燃煤发电站运行更便宜，而且一年比一年便宜，风电成本也在急剧下降。现在，史上最便宜的电力来源是可再生能源。即使没有强有力的经济政策来促进清洁技术运用与普及，这种转变也是必然的，而且会比几年前的许多预测提早到来，但我们耽误不起。

技术——颠覆即将来临

第四次工业革命正在进行中，并将在这十年加速。数字化和包括自动化、人工智能和机器学习等在内的其他技术将对所有行业产生颠覆性影响，将改变人们对产品的需求，改变工作性质，并以难以预测的方式改变社会。利用和引导这些革命性的技术可以显著降低人类对能源的需求；帮助提供可持续的食物；通过改变我们的工作和生活方式来改善性别平等；可以通过让更多人融入全球经济来减少贫困。

加速政治势头

政治家们已经被青年运动、新的经济逻辑和技术突破驱动的新叙事惊醒了。大多数主要经济体现在都承诺到2050年实现"净零"排放（中国和印度分别承诺在2060年和2070年实现）；芬兰、冰岛、新西兰、苏格兰和威尔士等一些国家和地区正在拥抱"福利经济"；欧洲的绿色协议承诺向零碳未来公平公正地过渡；西班牙等国家正在投资保护煤炭工人，帮助他们在转型期接受再培训；在美国，再"绿色新政"正在蓄势待发；而中国的"生态文明"则将建立在与自然和谐相处的社会之上，将是一个深刻且长期的经济叙事。

鉴于变革正在发生，我们需要推动的巨石可能只需要大力一点就可以真正推动它，而且势不可当。当我们推动巨石时，可能有很多人在推动我们。在"众生的地球"倡议开始时，我们委托市场研究公司 Ipsos MORI 对 G20 国家进行了广泛的国际调查。[1] Ipsos

MORI 从这些国家招募了大约两万人来完成调查。调查结果提供了丰富的信息，让我们看到了希望的灯塔。虽然一路坎坷，但世界并没有走向灾难。我们很清楚继续"照常营业"将承担的巨大风险。

- 在 G20 中约五分之三的人（58%）对地球的当前状况"极度担忧"或"非常担忧"，更多的是对未来的担忧。对此关注度最高的人群有女性（62%）和 25～34 岁的年轻人（60%）；受过教育的高收入人群，以及对"全球公民"怀有的意识强于"某国的人"与具有强烈国家认同感的人相比，他们更认同全球公民。
- 约四分之三（73%）的人认为，由于人类行为，地球正逐渐接近临界点。那些生活在靠近大型、重要生态系统地方的人最清楚目前地球正受到发展的攻击，如生活在印度尼西亚和巴西热带雨林的人们。
- 人们想成为更好的星球管家吗？人们愿意为保护自然和气候做更多的事情吗？答案是响亮的"是"（83%）。我们可以看出，大多数人确实希望为保护和恢复自然做更多事情，但这并不意味着他们愿意为此支付账单。

调查中最令人惊喜的是，受访者被问及他们是否希望将经济体系转型、福祉、健康和保护地球置于单一关注利润和经济增长之上时，答案再次是响亮的"是"。受访者中的 74% 认为，他们国家的经济优先事项应该超越利润和财富增长，更多地关注人类福祉和生态保护。这一观点在所有 G20 国家中都很高,在印度尼西亚尤其高(86%),甚至在美国这样得分低的国家中也有 68% 的人回答"是",人们支持变革!

团结八方之音

本书所描述的解决方案需要将变革之烈火燃向社会的各个角落。各级政府及国际机构官员,或是私营及金融部门负责人,可凭借其已有优势地位,成为这场变革最有力的捍卫者。然而,在很大程度上而言,这些解决方案属于宏观经济范畴,因此需要政府出台全新政策,为落实这些方案提供有利环境。累计税制度,创建公民基金,重组国际货币基金组织,或是改革能源体系等均为规模性政策,已经超出个体甚至是银行或是大型公司的能力范围。参见以下"十五项政策建议"。

十五项政策建议

贫穷

- 允许国际货币基金组织每年拨出 1 万亿余美元,用于促进低收入国家绿色就业,即利用所谓的"特别提款权"(Special Drawing Rights)来吸引投资。

- 免除对低收入国家（人均收入小于1万美元）的所有债务。
- 保护低收入国家新兴产业，促进低收入国家间的南南贸易（South-South trade）。通过消除知识产权限制等技术转让壁垒，提高获得可再生能源和卫生技术的机会。

不平等

- 对社会10%最富有人群增税，直到其收入低于国民总收入的40%。世界需要强有力的累进税制度，而填补国际漏洞对于解决不平等以及"碳及生物圈奢侈品"消费等不稳定因素至关重要。
- 通过立法，强化工人权利。深层次转型时期，需要保护工人的经济利益。
- 引入公民基金，利用缴费和红利计划，让所有公民公平享有国家收入、国民财富和全球公域中的份额。

性别平等

- 为所有女童和妇女提供教育机会。
- 在工作和领导层方面实现性别平等。
- 提供充足的养恤金。

粮食

- 通过立法，减少粮食的损失和浪费。

- 加强针对再生农业和可持续集约化的经济激励。
- 提倡尊重"行星边界"的健康饮食。

能源
- 即刻逐步淘汰化石燃料，强化能源效率，扩大可再生能源。即刻将新能源投资增加两倍，达到每年1万亿美元以上。
- 万物电化。
- 规模化投资储能技术。

最后，我们想呼吁大家采取行动。有时，变革进展极其缓慢，可能需要一整代人的努力。但也有例外。2007年至2009年，全球金融危机爆发，促使政治和经济体系在短时间内发生剧烈变革，从而建立起更具韧性的银行系统。新冠肺炎疫情更是在一夜之间颠覆了人们的行为和市场商业模式。基于以上经验，我们有理由相信，这10年将是有史以来经济转型最快的10年。

作为公民的一份子，作为人类的一员，我们需要贡献己力，支持这一变革，方能不负我们珍视的未来。响应民意是政客的职责，而我们所倡导的道路需要一致之民意与团结之声音，这样，变革之势便如洪流不可阻挡。我们需要以愤慨与乐观为基石，推进变革运动。我们需要转变叙事方式，让如何改善经济体系的探讨之声回荡在家家户户、校园、城镇和市区里。我们相信这将成为现实。因为归根结底，这是为了捍卫我们共同的神圣价值观，为我们的家庭、我们的后代和我们所爱之人提供一个宜居的地球家园。在这里，人人都享有尊严，人人都对未来充满了希冀。

因此，在此号召各级政府，全力支持这5项非凡的转变和相应的政策杠杆。为推动这些转变创造动力，各级政府应：

- 减少两极分化。提高社会凝聚力。建立共识。否则，民主将不复存在。
- 更加公平地分配财富。创建市民基金和全民基本红利，创造多重利益。这些政策很可能会得到大多数人的支持，因为它们将帮助减少有害污染，且会在动荡时期保护公民。
- 为子孙后代的利益采取行动，并建立相应制度，确保当代人能够跨代思考。
- 改变衡量进步的方式，把人民福祉看得比经济增长更重要。
- 与公民一起讨论社会中真正重要的事情。
- 向市场发出明确的信号，表明在转型方面的长期承诺和投资将持续有效。这将让社会对经济转型充满乐观情绪。

对公民的行动号召：

- 加入这一场运动！
- 为珍视未来的政客投票。
- 无论身在何处，积极加入对话，分享即将到来的经济转型将如何影响你、你的家庭、工作以及生活。你能如何从中获益？你将怎样借此提高你的事业和教育？对你而言，这一社会性变革是否是追逐梦想、改变人生方向的机会？

- 在你所在的城镇、城市或国家，就经济体制变革开展公民大会。公民大会是帮助解决气候变化等棘手、存在争议的政治问题的一种途径，可以帮助消除两极分化，提供新的想法和观点。我们相信，公民大会是让政客静下来关注民意的最令人振奋的方式之一。
- 呼吁当地和国家政客采取行动，让人类社会更接近"众生的地球"。

来自不同部落、文化和社会的人们无一不对未来感到担忧和焦虑。我们虽然背景不同，但仍有两个共同点：我们都珍视未来，且我们中的大多数人都渴望变革可以得到支持。如果说这本书能做到一件事，那么我们希望它能说服你，让你相信，有这样一种未来值得我们全力以赴。这个未来并非一个处处光明、毫无阴影的"乌托邦"。但我们相信，我们在此讨论的诸条道路，是最有可能确保我们所在星球的相对稳定及其真正全球化文明的长期潜力，这种文明于我们而言，除了充满奇妙与自由，亦是时常的困惑与无尽的创造。

附录

关于 Earth4All 模型

每一个深谙方法论、有远见卓识的专业人士都知道，未来尚不存在，因此，在抵达未来之前，我们不可能获得来自未来的基于证据的数据。

所以，所有场景都只是一种关于未来的叙述，是看似合理但充满不确定性的故事。在这个故事中，来自未来的数字只是隐喻，而不是关于某些预先确定现实的绝对真理。这些数字是关于未来的精简摘要，旨在为我们当下的决策提供信息。

当然，这一机制适用于所有计算或评估气候变化、人口统计或其他未来形势的模型。

在这里，我们将分享 Earth4All 模型的部分功能，这些功能帮助我们可视化"碎步迟行式""阔步快进式"以及其他一系列场景，这些场景也是我们项目分析工作的一部分。我们欢迎你访问这些数据，并将其运用至你自己的调查当中。

模型的用途

Earth4All 是一个系统动力学计算机模型，用于研究 21 世纪地球这一有限空间中人类福祉的动态演变。该模型将针对 1980 年至 2100 年的人口、贫困、GDP、不平等、粮食、能源和其他相关变量，生成具有内部一致性的情景，同时观察它们如何协调演化。其目标是确定最为可行的政策，以打造一个全球大部分人享有高度福祉、在不突破"行星边界"的同时蓬勃发展的未来世界。

该模型有两个主要版本：其一是用于计算全球平均值（E4A-global），其二是用于计算世界 10 个区域的发展路径（E4A-regional）。

建立该模型是为了重现 1980 年至 2020 年的历史，同时尽量不使用外生驱动因素。外生驱动因素是指，该模型中某一变量的数值是由外部强加的——相当于我们手动打开该模型的某个开关——而不是由模型内部的动态系统生成的。例如，如果一个国家或地区对其社会最高收入人群增加税收，那么该模型便会通过计算该驱动因素将如何影响金融系统和政府未来可用收入来进行响应。

我们可以将模型运行至 2100 年，从而研究 2022 年参数变化所产生的影响。我们有意对该模型进行简化，以提高透明度和可理解性，但不可避免地，这会在一定程度上降低精确度。

附录　关于Earth4All模型

模型的历史

Earth4All模型已经建造了11年。该模型以World3模型为灵感，后者是《增长的极限》一书的基础，存在多个版本，同时也受到1992年和2004年后续研究的启发。2011年，乔根·兰德斯（Jorgen Randers）和乌利齐·戈卢克（Ulrich Goluke）开始合作开发一个系统动力学模型，以在其中纳入一些投资需要，特别是解决气候危机所需的非盈利性支出，因为这些投资可能有助于解决在World3模型中十分突出的生存挑战。然而，我们并未成功开发出这一系统动力学模型，但是我们创建了一个名为Earth2的区域化电子表格模型，为2012年出版的《2052：未来四十年的中国与世界》（*2052: A Global Forecast for the Next Forty Years*）一书提供了相应支持。[1] 在接下来的几年中，我们逐步把Earth2升级为Earth3模型，后者为2018年出版的《转变是可行的！》（*Transformation Is Feasible!*）一书提供了支持。[2] 同时，我们进一步发展Earth2模型的气候组件，使其成为一个成熟的21世纪气候变化领域的系统动力学模型，这一模型发表于2016年。[3]

在过去几年中，我们实施了"众生的地球"项目。在这一项目中，我们付出了大量努力，得以将这些早期模型彻底转换为内生化系统动力学模型，并将其命名为Earth4All模型。

主要组成模块

该模型包括以下模块（在区域化模型中，每个区域对应一个模块）：

- 人口模块：通过生育和死亡过程、潜在劳动力规模和养老金领取人数，生成总人口。
- 产出模块：生成 GDP、消费、投资、政府支出和就业岗位。私营模块与公共模块合在一起，称为经济。
- 公共模块：通过税收收入、债务交易的净效应，以及政府商品和服务的预算分配（包括技术进步和五大转变），生成公共支出。
- 劳动力市场模块：根据资本产出率，生成失业率、工人产出份额和劳动力参与率。
- 需求模块：在业主、工人和公共模块之间生成收入分配。
- 库存模块：生成产能利用率和通货膨胀率。
- 金融模块：生成利率。
- 能源模块：生成基于化石燃料的能源以及可再生能源生产、使用化石燃料产生的温室气体排放，以及能源成本。
- 粮食和土地模块：生成作物生产、农业的环境影响，以及粮食成本。

- 改革推迟模块：生成社会应对挑战（如气候变化）的能力，这些能力是社会信任和社会紧张关系的一个函数。
- 福祉模块：生成衡量环境和社会可持续性的全球指标。包括平均福利指数。

在Earth4All区域化版本中，会以10个区域发展的总和（用相同的结构表示每个区域并对其参数化，以拟合其社会经济发展的区域风格）来衡量世界发展。当拟合至这些区域后，我们发现，作为人均GDP函数的许多可持续发展目标以及行为特征会产生系统性变化。[4] 这一发现适用于储蓄率、生育率、预期寿命、养老金领取年龄、人均能源使用量、人均食品使用量、人均矿物质使用量、年工作时间以及其他因素。

模型因果循环图

可参见附图1，进一步了解对该模型结构的高阶描述。

你也可访问earth4all.life网站，获取完整的模型技术说明，其中包括模型的基本方程。用户也可以在自己的计算机上下载并运行此开源模型。

众生的地球
EARTH FOR ALL

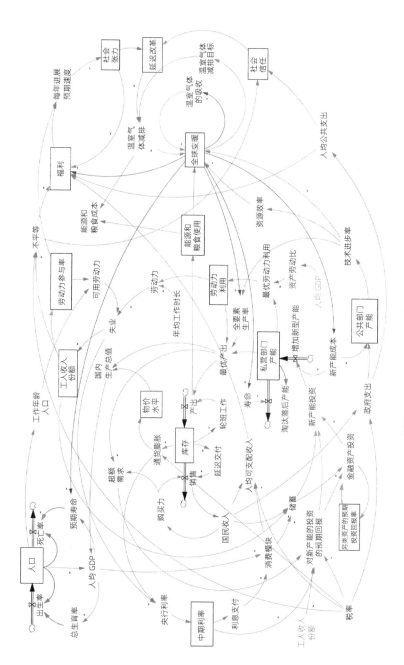

附图 1 Earth4All 模型的主要因果循环

模型的创新点

既然已经存在多个模型,为什么我们还要创建一个全新的模型?Earth4All 模型又具有哪些独特的属性?在此,我们列出了该模型所具有的八大创新点,这些创新点弥补了全球系统建模领域的一些缺点与不足:

1. 不平等:我们调查了所有者和工人在私人投资和公共模块活动产出中所占份额的分配效应,从而确认可证明分配模式与可持续政策制定具有相关性的初步证据。[5]

2. 生态:我们囊括了人类经济对于主要地球界限(气候、营养物质、森林、生物多样性)的更为广泛的影响、自然界限对经济发展的影响,以及其复杂的反馈效应。[6]

3. 公共模块:我们建立了一个活跃的公共模块模型,其中包括基础设施能力、福利政策,以及缓解气候变化的政策立场。[7]

4. 财务:我们囊括了债务和货币供应影响、中央银行利率,以及公司资本成本,从而进一步整合综合评估模型(IAM)中的金融机制,该模型主要用于测试气候目标的可行性。[8]

5. 劳动力:我们能够模拟长达 10 年的循环性失业周期,以及它对宏观经济的影响,这在全球还是首次。[9]

6. 人口:与联合国的统计方法相反,Earth4All 模型具有内生人口动态，该动态会受到公共支出、教育以及收入投资水平的影响，是现有内置人口模块的综合评估模型的升级版。[10]

7. 福利：我们整合了"平均福利指数"（作为可支配收入、收入不平等、政府服务、气候危机以及所感知进展的一个函数），以说明环境可持续性与社会信任之间的联系，并首次在综合评估模型中将信任下降与公众决策推迟联系起来。[11]

8. 社会张力：我们整合了"社会张力指数"（作为可用来感知进展的一个函数，定义为平均福利指数的变化率），这一指数会影响社会应对新挑战的速度和能力。也就是说，我们将社会张力指数上升这一现象解读为，当社会两极分化加剧，会更难就气候危机等社会性挑战达成一致。

Earth4All 游戏

我们还将通过用户友好型的简洁界面向外界免费提供 Earth4All 模型，为想要用自己的参数组来运行此模型的人群提供便利。

使用该模型可有效帮助了解系统动态工作方式，以及某些变革是如何刺激并形成其他变革的。在互动环节中，班级、团体和公民大会还可以一同协商并进行游戏，创造一个属于他们的未来。

注 释

第一章 众生的地球——在一个健康的星球上实现全球公平的五个非凡变革

[1] Sub-Saharan Africa, South Asia, Southeast Asia, China, western Europe, eastern Europe and central Asia, Latin America, Middle East and North Africa, Pacific region, and United States.

[2] By 2100, the Too Little Too Late scenario sees an approximate 2.5°C rise in global average surface temperature above preindustrial levels.

[3] This is the rough assessment that arises from all the assumptions that constitute the Earth4All model. It is supported by other studies on the likely cost of action. See, for example: the International Energy Agency's *Net Zero by 2050: A Roadmap for the Global Energy Sector* (2021); the Inter-governmental Panel on Climate Change's "Mitigation Pathways Compatible with 1.5°C in the Context of Sustainable Development," Chapter 2 in: *Global Warming of 1.5°C. An IPCC Special Report* (2018); Yuval Noah Harari, "The Surprisingly Low Price Tag on Preventing Climate Disaster," *Time* (January 18, 2022); DNV's *Energy Transition Outlook–2021* (Oslo: DNV, 2021); Nicholas Stern's "Economic Development, Climate and Values: Making Policy," *Proceedings of the Royal Society* 282, no. 1812 (August 7, 2015).

[4] Chandran Nair, *The Sustainable State: The Future of Government, Economy, and Society* (Oakland, CA: BK Publishers, 2018); Mariana Mazzucato, *Value of Ev-*

erything (S.l.: Public Affairs, 2020).

[5] Donella H. Meadows et al., *The Limits to Growth: A Report for the Club of Rome's Project on the Predicament of Mankind* (New York: Universe Books, 1972). This report was commissioned by the Club of Rome. Despite its name, this is an international think tank dedicated to systemic systems thinking about global problems.

[6] Graham M. Turner, "On the Cusp of Global Collapse? Updated Comparison of *The Limits to Growth* with Historical Data," *GAIA-Ecological Perspectives for Science and Society* 21, no. 2 (2012): 116–24; Graham Turner, *Is Global Collapse Imminent?* MSSI Research Paper No. 4, (Melbourne Sustainable Society Institute, University of Melbourne, 2014).

[7] Gaya Herrington, "Update to Limits to Growth: Comparing the World3 Model with Empirical Data," *Journal of Industrial Ecology* 25, no. 3 (June 2021): 614–26.

[8] Colin N. Waters et al., "The Anthropocene Is Functionally and Strati- graphically Distinct from the Holocene," *Science* 351, no. 6269 (2016).

[9] Paul J. Crutzen, "Geology of Mankind," *Nature* 415, no. 6867 (2002): 23.

[10] A. Ganopolski, R. Winkelmann, and H. J. Schellnhuber, "Critical Insolation–CO2 Relation for Diagnosing Past and Future Glacial Inception," *Nature* 529, no. 7585 (2016): 200–203.

[11] Will Steffen et al., "The Trajectory of the Anthropocene: The Great Acceleration," *Anthropocene Review* 2, no. 1 (April 2015): 81–98.

[12] Will Steffen et al., "Planetary Boundaries: Guiding Human Development on a Changing Planet," *Science* 347, no. 6223 (2015).

[13] Lan Wang-Erlandsson et al., "A Planetary Boundary for Green Water," *Nature Reviews Earth & Environment* (2022): 1–13.

[14] Timothy M. Lenton et al., "Climate Tipping Points: Too Risky to Bet Against," *Nature* 575 (2019): 592–95; Jorgen Randers and Ulrich Goluke, "An Earth System Model Shows Self-Sustained Thawing of Permafrost Even If All Man-Made GHG Emissions Stop in 2020," *Scientific Reports* 10, no. 1 (2020): 18456.

[15] Kate Raworth, *Doughnut Economics: Seven Ways to Think Like a 21st-Century Economist* (VT: Chelsea Green, 2017).

[16] In Earth4All, when we write $, USD, or US$, the default we refer to is US dollars at stable, real 2017 prices, measured at purchasing power parity (PPP)—in this case, 15,000 US$ 2017-PPP—building on the Penn World Tables v.10.

[17] See Dr. Mamphela Ramphele (2022), Deep Dive paper, *Global Equity for a Healthy Planet*, available at earth4all.life/resources.
[18] Emily Elhacham et al., "Global Human-Made Mass Exceeds All Living Biomass," *Nature* 588, no. 7838 (December 2020): 442–44.
[19] Paul Fennell et al., "Cement and Steel: Nine Steps to Net Zero," *Nature* 603, no. 7902 (March 2022): 574–77.
[20] Ibid.
[21] Argentina, Australia, Brazil, Canada, China, France, Germany, Great Britain, India, Indonesia, Italy, Japan, Mexico, Russia, Saudi Arabia, South Africa, South Korea, Turkey, the United States.

第二章 探索两个场景——是"碎步迟行式"，还是"阔步快进式"

[1] See Randers et al. (2022), *The Earth4All Scenarios* Technical report, earth4all.life/resources.
[2] For more information, see weall.org.
[3] David Collste et al., "Human Well-being in the Anthropocene: Limits to Growth," *Global Sustainability* 4 (2021): e30.
[4] Manfred A. Max-Neef, *Human Scale Development: Conception, Application and Further Reflections* (NY: Apex, 1991); Len Doyal and Ian Gough, "A Theory of Human Needs," *Critical Social Policy* 4, no. 10 (1984): 6–38.
[5] See Richard Wilkinson and Kate Pickett (2022), Deep Dive paper, *From Inequality to Sustainability*, available at earth4all.life/resources.
[6] Jon Reiersen, "Inequality and Trust Dynamics," in *Disaster, Diversity and Emergency Preparation*, ed. Leif Inge Magnussen (NATO/IOS Press, 2019).
[7] See L. Chancel et al., *World Inequality Report 2022* (World Inequality Lab, 2021).
[8] Eric Lonergan and Mark Blyth, *Angrynomics* (Newcastle upon Tyne, UK: Agenda, 2020).
[9] The Earth4All project's Too Little Too Late scenario has a climate trajectory that is close to the "Middle of the road" scenario in the Shared Socio-economic Pathway family of scenarios, i.e., the "IPCC SSP2-4.5" scenario.
See Malte Meinshausen et al., "The Shared Socio-Economic Pathway (SSP) Greenhouse Gas Concentrations and Their Extensions to 2500," *Geoscientific*

Model Development 13, no. 8 (August 13, 2020): 3571–3605.

[10] For more on fee and dividends, see chapter 4 on the inequality turn- around, chapter 8 on wellbeing economics, and the full Deep Dive paper by Ken Webster (2022), *The Long Road to a Social Dividend*, available at earth4all.life/resources.

[11] Ngũgĩ wa Thiong'o, *Decolonizing the Mind: The Politics of Language in African Literature* (London, Nairobi: J. Currey Heinemann Kenya [etc.], 1986).

第三章　向贫困诀别

[1] IRP et al., *Global Resources Outlook 2019: Natural Resources for the Future We Want* (UNEP/IRP, 2019).

[2] B. Bruckner et al., "Impacts of Poverty Alleviation on National and Global Carbon Emissions," *Nature Sustainability* 5 (April 2022): 311–20.

[3] Henry A. Giroux, "Reading Hurricane Katrina: Race, Class, and the Biopolitics of Disposability," *College Literature* 33, no. 3 (2006): 171–96.

[4] Nishant Yonzan, Christoph Lakner, and Daniel Gerszon Mahler, "Projecting Global Extreme Poverty up to 2030," *World Bank Blog* (October 9, 2020).

[5] Masse Lô (2022), *Growth Within Limits Through Solidarity and Equity*, Earth for All Deep Dive paper, available at earth4all.life/resources.

[6] K. Sahoo and N. Sethi, "Impact of Foreign Capital on Economic Development in India: An Econometric Investigation," *Global Business Review* 18, no. 3 (2017): 766–80; S. Sharma et al., "A Study of Relationship and Impact of Foreign Direct Investment on Economic Growth Rate of India," *International Journal of Economics and Financial Issues 10*, no. 5 (2020): 327; A. T. Bui, C. V. Nguyen, and T. P. Pham, "Impact of Foreign Investment on Household Welfare: Evidence from Vietnam," *Journal of Asian Economics* 64 (October 2019): 101130.

[7] J. Zheng and P. Sheng, "The Impact of Foreign Direct Investment (FDI) on the Environment: Market Perspectives and Evidence from China," *Economies* 5, no. 1 (March 2017): 8.

[8] World Bank (2022), "International Debt Statistics | Data."

[9] Paul Brenton and Vicky Chemutai, *The Trade and Climate Change Nexus: The Urgency and Opportunities for Developing Countries* (Washington, DC: World Bank, 2021).

[10] "Lawrence Summers' Principle," ejolt.org/2013/02/lawrence-summers'-principle.

[11] See Jayati Ghosh et al. (2022), Deep Dive paper, *Assigning Responsibility for Climate Change: An Assessment Based on Recent Trends*, written with co-authors from Political Economy Research Institute, University of Massachusetts Amherst, US, available at earth4all.life/resources.

[12] Jayati Ghosh "Free the Money We Need," Project Syndicate (February 14, 2022).

[13] An important recent case of this can be seen in the efforts by drug companies to discourage bringing COVID-19 vaccines to Africa, see Madlen Davies, "COVID-19: WHO Efforts to Bring Vaccine Manufacturing to Africa Are Undermined by the Drug Industry, Documents Show," *BMJ* 376 (2022): o304.

[14] Anuragh Balajee, Shekhar Tomar, Gautham Udupa, "COVID-19, Fiscal Stimulus, and Credit Ratings," *SSRN Electronic Journal* (2020).

[15] "Home–Commission of Inquiry into Allegations of State Capture," accessed April 7, 2022, statecapture.org.za.

第四章 不平等变革——分享红利

[1] In addition to taxation, there is an urgent need for regulation of markets and investor behavior to align private investments with social goals, prevent excessive concentration, and reduce monopolistic behavior and rent seeking by large corporations.

[2] L. Chancel et al., *World Inequality Report 2022* (World Inequality Lab, 2021).

[3] Michael W. Doyle and Joseph E. Stiglitz, "Eliminating Extreme Inequality: A Sustainable Development Goal, 2015–2030," *Ethics & International Affairs* 28, no. 1 (2014): 5–13.

[4] See Wilkinson and Pickett (2022), Deep Dive paper, *From Inequality to Sustainability*, available at earth4all.life/resources.

[5] Chancel et al., *World Inequality Report 2022*.

[6] Wilkinson and Pickett (2022).

[7] Chancel et al., *World Inequality Report 2022*.

[8] Oxfam (September 21, 2020), Media Briefing, "Confronting Carbon Inequality: Putting Climate Justice at the Heart of the COVID-19 Recovery."

[9] See Chandran Nair (2022), Deep Dive paper, *Transformations for a Disparate and More Equitable World*, available at earth4all.life/resources.

[10] Alex Cobham and Andy Sumner, "Is It All About the Tails? The Palma Measure of Income Inequality," Center for Global Development Working Paper No. 343,

SSRN Electronic Journal (2013).

[11] Chris Isidore, "Buffett Says He's Still Paying Lower Tax Rate Than His Secretary," *CNN Money* (March 4, 2013).

[12] Lawrence Mishel and Jori Kandra, *CEO Pay Has Skyrocketed 1,322% Since 1978* (Economic Policy Institute, August 10, 2021).

[13] Climate Leadership Council, "The Four Pillars of Our Carbon Dividends Plan," accessed March 31, 2022; "Opinion | Larry Summers: Why We Should All Embrace a Fantastic Republican Proposal to Save the Planet," *Washington Post* (February 9, 2017), accessed March 31, 2022.

第五章　赋权变革——实现性别平等

[1] Mariana Mazzucato, "What If Our Economy Valued What Matters?" Project Syndicate (March 8, 2022).

[2] L. Chancel et al., *World Inequality Report 2022* (World Inequality Lab, 2021).

[3] Max Roser, "Future Population Growth," Our World in Data (2022).

[4] Wolfgang Lutz et al., *Demographic and Human Capital Scenarios for the 21st Century: 2018 Assessment for 201 Countries* (Publications Office of the European Union, 2018); see also Callegari et al. (2022), *The Earth4All Population Report to GCF*, at earth4all.life/resources.

[5] Jumaine Gahungu, Mariam Vahdaninia, and Pramod R. Regmi, "The Unmet Needs for Modern Family Planning Methods among Postpartum Women in Sub-Saharan Africa: A Systematic Review of the Literature," *Reproductive Health* 18, no. 1 (February 10, 2021): 35.

[6] UNESCO, *New Methodology Shows 258 Million Children, Adolescents and Youth Are Out of School*, Fact Sheet no. 56 (September 2019).

[7] Ruchir Agarwal, "Pandemic Scars May Be Twice as Deep for Students in Developing Countries," *IMFBlog* (February 3, 2022).

[8] See Dr. Mamphela Ramphele (2022), Deep Dive paper, *Global Equity for a Healthy Planet*, available at earth4all.life/resources.

[9] Sarath Davala et al., *Basic Income: A Transformative Policy for India* (London; New Delhi: Bloomsbury, 2015).

[10] Andy Haines and Howard Frumkin, *Planetary Health: Safeguarding Human Health and the Environment in the Anthropocene* (NY: Cambridge University

Press, 2021).

第六章 粮食变革——使粮食系统对人类和地球更健康

[1] Cheikh Mbow et al., "Food Security," in *Climate Change and Land*, IPCC Special Report, ed. P. R. Shukla et al. (IPCC, 2019).

[2] "Hunger and Undernourishment" and "Obesity," Ourworldindata.org, accessed February 20, 2022.

[3] Yinon M. Bar-On, Rob Phillips, and Ron Milo, "The Biomass Distribution on Earth," *Proceedings of the National Academy of Sciences* 115, no. 25 (June 19, 2018): 6506–11.

[4] Hannah Ritchie and Max Roser, "Land Use," *Our World in Data* (November 13, 2013).

[5] M. Nyström et al., "Anatomy and Resilience of the Global Production Ecosystem," *Nature* 575, no. 7781 (November 2019): 98–108.

[6] Bar-On et al., "The Biomass Distribution on Earth."

[7] *The Future of Food and Agriculture: Alternative Pathways to 2050* (Food and Agriculture Organization of the United Nations, 2018), accessed March 31, 2022; *Climate Change and Land* (IPCC Special Report), accessed March 31, 2022.

[8] Joe Weinberg and Ryan Bakker, "Let Them Eat Cake: Food Prices, Domes- tic Policy and Social Unrest," *Conflict Management and Peace Science* 32, no. 3 (2015): 309–26.

[9] Rabah Arezki and Markus Brückner, *Food Prices and Political Instability*, CESifo Working Paper Series (CESifo, August 2011).

[10] Lovins, L. Hunter, Stewart Wallis, Anders Wijkman, and John Fullerton. *A Finer Future: Creating an Economy in Service to Life*. Gabriola Island, BC, Canada: New Society Publishers, 2018.

[11] Gabe Brown, *Dirt to Soil*: *One Family's Journey into Regenerative Agriculture* (VT: Chelsea Green, 2018).

[12] Mark A. Bradford et al., "Soil Carbon Science for Policy and Practice," *Nature Sustainability* 2, no. 12 (December 2019): 1070–72.

[13] T. Vijay Kumar and Didi Pershouse, "The Remarkable Success of India's Natural Farming Movement," Forum Network lecture (January 21, 2021).

[14] https://www.rural21.com/fileadmin/downloads/2019/en-04/rural2019_04-S30-31.

pdf

[15] Johan Rockström et al., "Sustainable Intensification of Agriculture for Human Prosperity and Global Sustainability," *Ambio* 46, no. 1 (February 2017): 4–17.

[16] Jules Pretty and Zareen Pervez Bharucha, "Sustainable Intensification in Agricultural Systems," *Annals of Botany* 114, no. 8 (December 1, 2014): 1571–96.

[17] Andy Haines and Howard Frumkin, *Planetary Health: Safeguarding Human Health and the Environment in the Anthropocene* (NY: Cambridge University Press, 2021).

[18] "Blue Food," *Nature,* nature.com (2021).

[19] *The Future of Food and Agriculture.*

[20] Sara Tanigawa, "Fact Sheet | Biogas: Converting Waste to Energy," EESI White Papers (October 3, 2017), accessed April 7, 2022.

[21] Regulations should at least require implementation of the OECD/ILO Human Rights Due Diligence (HRDD) process.

[22] Jules Pretty et al., "Global Assessment of Agricultural System Redesign for Sustainable Intensification," *Nature Sustainability* 1, no. 8 (August 1, 2018): 441–46.

[23] Dieter Gerten et al., "Feeding Ten Billion People Is Possible Within Four Terrestrial Planetary Boundaries," *Nature Sustainability* 3 (January 20, 2020): 200–08.

[24] Walter Willett et al., "Food in the Anthropocene: The EAT–Lancet Commission on Healthy Diets from Sustainable Food Systems," *Lancet* 393, no. 10170 (2019): 447–92.

第七章 能源变革——让一切电气化

[1] The Carbon Law is an exponential trajectory (halving every decade). Its name derives from another famous exponential trajectory, Moore's Law, in the digital technology sector, that observes computer power approximately doubles every two years.

[2] Arnulf Grubler et al., "A Low Energy Demand Scenario for Meeting the 1.5°C Target and Sustainable Development Goals without Negative Emission Technologies," *Nature Energy* 3, no. 6 (June 2018): 515–27.

[3] Jason Hickel, "Quantifying National Responsibility for Climate Breakdown: An Equality-Based Attribution Approach for Carbon Dioxide Emissions in Excess of the Planetary Boundary," *The Lancet Planetary Health* 4, no. 9 (September 1,

2020): e399–404.

[4] Pierre Friedlingstein et al., *Global Carbon Budget 2021*, Earth System Science Data (November 4, 2021): 1–191.

[5] See Jayati Ghosh et al. (2022), Deep Dive paper, *Assigning Responsibility for Climate Change: An Assessment Based on Recent Trends*, written with co-authors from Political Economy Research Institute, University of Massachusetts Amherst, US, available at earth4all.life/resources.

[6] Benjamin Goldstein, Tony G. Reames, and Joshua P. Newell, "Racial Inequity in Household Energy Efficiency and Carbon Emissions in the United States: An Emissions Paradox," *Energy Research & Social Science* 84 (February 1, 2022): 102365.

[7] Nate Vernon, Ian Parry, and Simon Black, *Still Not Getting Energy Prices Right: A Global and Country Update of Fossil Fuel Subsidies*, IMF Working Papers (September 2021).

[8] Grubler et al., "A Low Energy Demand Scenario."

[9] See more in Janez Potočnik and Anders Wijkman (2022), Deep Dive paper, *Why Resource Efficiency of Provisioning Systems Is a Crucial Pathway to Ensuring Wellbeing Within Planetary Boundaries*, available at earth4all.life/resources.

[10] Bill McKibben, "Build Nothing New That Ultimately Leads to a Flame," *New Yorker* (February 10, 2021).

[11] Johan Falk et al., "Exponential Roadmap: Scaling 36 Solutions to Halve Emissions by 2030, version 1.5" (Sweden: Future Earth, January 2020).

[12] Such commentators on the exponential rise of renewables include researcher groups at Stanford, IEA's Net Zero by 2050, IIASA; EWG & LUT, RMI, RethinkX, Singularity, Rystad, Statnett, Exponential View. See Nafeez Ahmed (2022), Deep Dive paper, *The Clean Energy Transformation*, available at earth4all.life/resources.

[13] See Ahmed, Deep Dive paper, ibid., for discussion.

[14] Ibid.

[15] World Bank Group, *State and Trends of Carbon Pricing 2019* (Washington, DC: World Bank, June 2019): 9–10.

[16] See Rimel I. Mehleb, Giorgos Kallis, and Christos Zografos, "A Discourse Analysis of Yellow-Vest Resistance against Carbon Taxes," *Environmental Innovation and Societal Transitions* 40 (September 2021): 382–94.

[17] "Economists' Statement on Carbon Dividends Organized by the Climate Leader-

ship Council," Original publication in the *Wall Street Journal*, econstatement.org.

[18] Ghosh et al., 2022.

第八章 从"赢家通吃"的资本主义到 Earth4All 经济体

[1] Donella H. Meadows, *Leverage Points: Places to Intervene in a System* (Hartland, VT: Sustainability Institute, 1999).

[2] Yuval Noah Harari, "The Surprisingly Low Price Tag on Preventing Climate Disaster," *Time* (January 18, 2022).

[3] See Dr. Mamphela Ramphele (2021), Deep Dive paper, *Global Equity for a Healthy Planet*, available at earth4all.life/resources.

[4] Elinor Ostrom, *Governing the Commons: The Evolution of Institutions for Collective Action*, Canto Classics (Cambridge, UK: Cambridge University Press, 2015); Peter Barnes, *Capitalism 3.0: A Guide to Reclaiming the Commons* (San Francisco: Berrett-Kohler, 2014).

[5] Club of Rome, China Chapter (2022), *"Understanding China"* (forth-coming).

[6] World Bank, *International Debt Statistics 2022* (Washington, DC: World Bank, 2021).

[7] Per Espen Stoknes, *Tomorrow's Economy: A Guide to Creating Healthy Green Growth* (Cambridge, MA: MIT Press, 2021).

[8] Wellington Management (August 2021), "Adapting to Climate Change: Investing in the Resiliency Imperative."

[9] So long as most debt is held domestically or in the extraordinary privilege of the US, there is an unlimited demand abroad to hold dollars.

[10] Guy Standing, *Plunder of the Commons: A Manifesto for Sharing Public Wealth* (London: Pelican, 2019).

[11] "The Commons, the State and the Public: A Latin American Perspective," an interview with Daniel Chavez, Transnational Institute (January 10, 2019).

[12] Bauwens, Michel, Vasilis Kostakis, and Alex Pazaitis. *Peer to Peer: The Commons Manifesto*. University of Westminster Press, 2019.

[13] Barnes, Peter. *Capitalism 3.0: A Guide to Reclaiming the Commons*. Berrett-Kohler, 2014.

[14] Meadows, Donella H. "Places to Intervene in a System." *Whole Earth*, 1997.

第九章　行动号召

[1] G20: Argentina, Australia, Brazil, Canada, China, France, Germany, Great Britain, India, Indonesia, Italy, Japan, Mexico, Russia, Saudi Arabia, South Africa, South Korea, Turkey, the United States, and the countries of the European Union.

附录　关于 Earth4ALL 模型

[1] J. Randers, *2052: A Global Forecast for the Next Forty Years* (VT: Chelsea Green, 2012).

[2] J. Randers et al., *Transformation Is Feasible! How to Achieve the Sustainable Development Goals Within Planetary Boundaries* (Stockholm Resilience Center: Stockholm, 2018).

[3] J. Randers et al., "A User-friendly Earth System Model of Low Complexity: The ESCIMO System Dynamics Model of Global Warming Towards 2100," *Earth System Dynamics* 7 (2016): 831–50.

[4] D. Collste et al., "Human Well-being in the Anthropocene: Limits to Growth," *Global Sustainability* 4 (2021): 1–17.

[5] Narasimha D. Rao, Bas J. van Ruijven, Keywan Riahi, and Valentina Bosetti, "Improving Poverty and Inequality Modelling in Climate Research," *Nature Climate Change* 7, no. 12 (2017): 857–62.

[6] Michael Harfoot et al., "Integrated Assessment Models for Ecologists: The Present and the Future," *Global Ecology and Biogeography* 23, no. 2 (2014): 124–43.

[7] Mariana Mazzucato, "Financing the Green New Deal," *Nature Sustainability* (2021): 1–2.

[8] Stefano Battiston, Irene Monasterolo, Keywan Riahi, and Bas J. van Ruijven, "Accounting for Finance Is Key for Climate Mitigation Pathways," *Science* 372, no. 6545 (2021): 918–20.

[9] Tommaso Ciarli and Maria Savona, "Modelling the Evolution of Economic

Structure and Climate Change: A Review," *Ecological Economics* 158 (2019): 51–64.

[10] Victor Court and Florent McIsaac, "A Representation of the World Population Dynamics for Integrated Assessment Models," *Environmental Modeling & Assessment* 25, no. 5 (2020): 611–32.

[11] Efrat Eizenberg and Yosef Jabareen, "Social Sustainability: A New Conceptual Framework," *Sustainability* 9, no. 1 (2017): 68.

本书贡献者

合著者
Sandrine Dixson-Declève, Owen Gaffney, Jayati Ghosh, Jorgen Randers, Johan Rockström, Per Espen Stoknes

特约作者
21 世纪转型经济学委员会成员
Anders Wijkman (TEC), Hunter Lovins (TEC),
Dr. Mamphela Ramphele (TEC), Ken Webster (TEC)

撰稿者
Nafeez Ahmed (TEC), Lewis Akenji (TEC), Sharan Burrow (TEC), Robert Costanza (TEC), David Collste, Emmanuel Faber (TEC), Lorenzo Fioramonti (TEC), Eduardo Gudynas (TEC), Andrew Haines (TEC), Gaya Herrington (TEC), Garry Jacobs (TEC), Till Kellerhoff, Karthik Manickam, Anwesh Mukhopadhyay, Jane Kabubo-Mariara (TEC), David Korten (TEC), Nigel Lake, Masse Lo, Chandran Nair (TEC), Carlota Perez (TEC), Kate Pickett (TEC), Janez Potočnik (TEC), Otto Scharmer (TEC), Stewart Wallis (TEC), Ernst von Weizsäcker (TEC), Richard Wilkinson (TEC)

数据合成、系统分析和建模团队
Jorgen Randers, Ulrich Golüke, David Collste, Sarah Mashhadi, Sarah Cornell, Per Espen Stoknes, Jonathan Donges, Dieter Gerten, Jannes Breier, Luana Schwarz, Ben Callegari, Johan Rockström

深度研究支持（详见 www.earth4all.life）
Nafeez Ahmed, Shouvik Chakraborty, Anuar Sucar Diaz Ceballos, Debamanyu Das, Jayati Ghosh, Gaya Herrington, Adrina Ibnat Jamilee Adiba, Nigel Lake, Masse Lô, Chandran Nair, Rebecca Nohl, Sanna O'Connor, Julia Okatz, Kate Pickett, Janez Potočnik, Dr. Mamphela Ramphele, Otto Scharmer, Anders Wijkman, Richard Wilkinson, Jorgen Randers, Ken Webster

编辑
Joni Praded, Ken Webster, Owen Gaffney, and Per Espen Stoknes

"众生的地球"项目管理与支持
Per Espen Stoknes (Scientific Work Packages), Sandrine Dixson-Declève, Anders Wijkman (TEC), Owen Gaffney (Communications), Till Kellerhoff (Coordination)

"众生的地球"项目团队和图书新闻发布
Philippa Baumgartner, Rachel Bloodworth, Liz Callegari, Lena Belly-Le Guilloux, Andrew Higham, Nigel Lake, Luca Miggiano, Zoe Tcholak-Antitch

鸣谢
Azeem Azhar, Tomas Björkman, Alvaro Cedeño Molinari, John Fullerton, Enrico Giovannini, Maja Göpel, Steve Keen, Connie Hedegaard, Sunita Narain, Julian Popov, Kate Raworth, Tom Cummings, Petra Künkel, Grace Eddy, Megan McGill, Roberta Benedetti, Vaclav Smil, Julia Kim, Roman Krznaric, Sir Lord Nicholas Stern, Andrea Athanas, Kaddu Sebunya

资助方
Angela Wright Bennett Foundation, Global Challenges Foundation, Laudes Foundation, Partners for a New Economy

制图
Les Copland, Philippa Baumgartner

21世纪转型经济学委员会成员
Nafeez Ahmed, Director of Global Research Communications, RethinkX; and Research Fellow, Schumacher Institute for Sustainable Systems

Lewis Akenji, Managing Director, Hot or Cool Institute Azeem Azhar, Founder, Exponential View

Tomas Björkman, Founder, Ekskäret Foundation

Sharan Burrow, General Secretary, International Trade Union Confederation (ITUC)

Alvaro Cedeño Molinari, Former Costa Rican Ambassador to Japan and the

本书贡献者

WTO

Robert Costanza, Professor of Ecological Economics, Institute for Global Prosperity (IGP) at University College London (UCL)

Sandrine Dixson-Declève, Co-President, The Club of Rome and Project Lead, Earth4All

Emmanuel Faber, Chair, International Sustainability Standards Board

Lorenzo Fioramonti, Professor of Political Economy, and Member of the Italian Parliament

John Fullerton, Founder and President, Capital Institute

Jayati Ghosh, Professor of Economics, University of Massachusetts Amherst, USA; formerly at Jawaharlal Nehru University, New Delhi

Maja Göpel, Political economist and transformation researcher

Eduardo Gudynas, Senior Researcher, Latin American Center on Social Ecology (CLAES)

Andy Haines, Professor of Environmental Change and Public Health, London School of Hygiene and Tropical Medicine

Connie Hedegaard, Chair, OECD's Roundtable for Sustainable Development, former European Commissioner

Gaya Herrington, Vice-President ESG Research at Schneider Electric

Tim Jackson, Professor of Sustainable Development and Director of CUSP, the Centre for the Understanding of Sustainable Prosperity at the University of Surrey

Garry Jacobs, President & CEO, World Academy of Art & Science.

Jane Kabubo-Mariara, President of the African Society for Ecological Economists, : ED, Partnership for Economic Policy

Steve Keen, Honorary Professor at University College London and ISRS Distinguished Research Fellow

Julia Kim, Program Director, Gross National Happiness Centre, Bhutan

Roman Krznaric, Public philosopher and author

David Korten, Author, speaker, engaged citizen, and president of the Living Economies Forum

Hunter Lovins, President, Natural Capital Solutions; Managing Partner, NOW Partners

Chandran Nair, Founder and CEO, The Global Institute for Tomorrow

Sunita Narain, Director-General Centre for Science and Environment, Delhi and editor, Down To Earth

Carlota Perez, Honorary Professor at IIPP, University College London (UCL); SPRU, University of Sussex and Taltech, Estonia.

Janez Potočnik, Co-chair of the UN International Resource Panel, former European Commissioner

Kate Pickett, Professor of Epidemiology, University of York

Mamphela Ramphele, Co-President, The Club of Rome

Kate Raworth, Renegade economist, creator of the Doughnut of social and planetary boundaries, and co-founder of Doughnut Economics Action Lab.

Jorgen Randers, Professor Emeritus of Climate Strategy, BI Norwegian Business School

Johan Rockström, Director of the Potsdam Institute for Climate Impact Research

Otto Scharmer, Senior Lecturer, MIT, and Founding Chair, Presencing Institute

Ernst von Weizsäcker, Honorary President, The Club of Rome

Stewart Wallis, Executive Chair, Wellbeing Economy Alliance

Ken Webster, Director International Society for Circular Economy

Anders Wijkman, Chair of the Governing Board, Climate-KIC, Honorary President, The Club of Rome